La Cucina Cinese Segreta
Scopri i Sapori Autentici

Wei Zhang

Indice

Introduzione *10*
   Abalone marinato *12*
   Germogli di bambù brasati *13*
   Pollo con cetriolo *14*
   Pollo al sesamo *15*
   Litchi allo zenzero *16*
   Ali di pollo bollite rosse *17*
   Polpa di granchio con cetriolo *18*
   funghi marinati *19*
   Funghi All'aglio Marinati *20*
   Gamberetti e cavolfiore *21*
   Bastoncini di prosciutto al sesamo *22*
   Tofu freddo *23*
   Pollo con pancetta *24*
   Patatine fritte con pollo e banane *25*
   Pollo allo zenzero e funghi *26*
   Pollo e Prosciutto *28*
   Fegatini Di Pollo Alla Griglia *29*
   Polpette di granchio con castagne d'acqua *30*
   Dim Sum *31*
   Involtini di pollo e prosciutto *32*
   Ricette Prosciutto Cotto *34*
   Pesce pseudo affumicato *35*
   Funghi stufati *37*
   Funghi in salsa di ostriche *38*
   Involtini di maiale e lattuga *39*
   Polpette di maiale e castagne *41*
   Gnocchi di maiale *42*
   Polpette di maiale e vitello *43*
   gamberetti farfalla *44*
   Camerun cinese *45*
   Cracker Di Gamberetti *46*

Gamberetti croccanti *47*
Gamberetti con salsa allo zenzero *48*
Involtini di pasta e gamberi *49*
toast ai gamberetti *51*
Wonton di maiale e gamberi con salsa agrodolce *52*
Brodo di pollo *54*
Zuppa di germogli di soia e maiale *55*
Zuppa di abalone e funghi *56*
Zuppa di pollo e asparagi *58*
Zuppa di carne *59*
Zuppa cinese di manzo e foglie *60*
Zuppa di cavoli *61*
Zuppa Di Manzo Piccante *62*
Zuppa celeste *64*
Zuppa di pollo e bambù *65*
Zuppa di pollo e mais *66*
Zuppa di pollo e zenzero *67*
Zuppa di pollo con funghi cinesi *68*
Zuppa di pollo e riso *69*
Zuppa di pollo e cocco *70*
Zuppa Di Vongole *71*
Zuppa di uova *72*
Zuppa di granchio e capesante *73*
Zuppa di granchio *75*
Zuppa di pesce *76*
Zuppa di pesce e lattuga *77*
Zuppa di zenzero con gnocchi *79*
Zuppa calda e acida *80*
Zuppa di funghi *81*
Zuppa di funghi e cavoli *82*
Zuppa di uova e funghi *83*
Zuppa di funghi e castagne d'acqua *84*
Zuppa di maiale e funghi *85*
Zuppa di maiale e crescione *86*
Zuppa di maiale e cetrioli *87*
Zuppa con polpette e tagliatelle *88*

Zuppa di spinaci e tofu	*89*
Zuppa di mais e granchio	*90*
Zuppa di Sichuan	*91*
Zuppa di tofu	*93*
Zuppa di tofu e pesce	*94*
Zuppa di pomodoro	*95*
Zuppa di pomodoro e spinaci	*96*
Zuppa di rape	*97*
Zuppa di verdure	*98*
Zuppa Vegetariana	*99*
Zuppa di crescione	*100*
Pesce fritto con verdure	*101*
Pesce intero arrosto	*103*
Pesce di soia brasato	*104*
Pesce di soia con salsa di ostriche	*106*
Branzino Cotto	*108*
Pesce Al Forno Con Funghi	*109*
Pesce in agrodolce	*111*
Pesce ripieno di maiale	*113*
Carpa Arrosto Condita	*115*
Gamberi con salsa al litchi	*117*
Gamberi fritti al mandarino	*118*
Gamberetti con taccole	*119*
Gamberetti con funghi cinesi	*120*
Sauté di gamberi e piselli	*121*
Gamberetti con chutney di mango	*122*
Gnocchi di gamberi fritti con salsa di cipolle	*124*
Gamberetti al mandarino con piselli	*125*
Gamberetti alla Pechino	*125*
Gamberetti con peperoni	*126*
Gamberetti saltati con carne di maiale	*127*
Gamberi fritti con salsa allo sherry	*129*
Gamberi fritti al sesamo	*130*
Gamberetti saltati nel guscio	*131*
Gamberi Fritti	*132*
Tempura di gamberi	*133*

Sottogomma	*133*
Gamberetti con tofu	*135*
Gamberetti al pomodoro	*136*
Gamberetti con salsa di pomodoro	*137*
Gamberetti con salsa di pomodoro e peperoni	*138*
Gamberi Fritti Con Salsa Di Pomodoro	*139*
Gamberetti Con Verdure	*140*
Gamberi con castagne d'acqua	*141*
Wonton di gamberetti	*142*
Abalone con pollo	*143*
Abalone con asparagi	*144*
Abalone con funghi	*146*
Abalone con salsa di ostriche	*146*
Vongole Al Vapore	*147*
Vongole con germogli di soia	*148*
Vongole con Zenzero e Aglio	*149*
Vongole Fritte	*150*
Torte di granchio	*151*
Crema di Granchio	*152*
Polpa di granchio con foglie cinesi	*153*
Granchio Foo Yung con germogli di soia	*154*
Granchio allo zenzero	*155*
Granchio Lo Mein	*156*
Granchio fritto con carne di maiale	*157*
Polpa di granchio fritta	*158*
Polpette di seppia fritte	*159*
Aragosta alla cantonese	*160*
Aragosta fritta	*161*
Aragosta al vapore con prosciutto	*162*
Aragosta con Funghi	*163*
Code di aragosta con carne di maiale	*164*
Aragosta Fritta	*166*
nidi di aragosta	*167*
Cozze in salsa di fagioli neri	*168*
Cozze allo zenzero	*169*
Cozze cotte	*170*

Ostriche fritte	*171*
Ostriche con pancetta	*172*
Ostriche fritte con zenzero	*173*
Ostriche con salsa di fagioli neri	*174*
Capesante con germogli di bambù	*175*
Capesante con uovo	*176*
Capesante con broccoli	*177*
Capesante allo zenzero	*179*
Capesante al Prosciutto	*180*
Capesante strapazzate alle erbe	*181*
Soffritto di capesante e cipolla	*182*
Capesante Con Verdure	*183*
Capesante ai peperoni	*185*
Calamari con germogli di soia	*186*
Calamaro fritto	*187*
Pacchetti di calamari	*188*
Involtini di calamari fritti	*189*
Calamari brasati	*190*
Calamari con Funghi Secchi	*191*
Calamari con verdure	*192*
Bistecca brasata all'anice	*193*
Manzo Con Asparagi	*194*
Manzo con germogli di bambù	*195*
Manzo con germogli di bambù e funghi	*196*
Arrosto di manzo cinese	*197*
Manzo con germogli di soia	*198*
Manzo con broccoli	*200*
Manzo al sesamo con broccoli	*201*
Arrosto di manzo	*202*
Carne cantonese	*203*
Carne Con Carote	*204*
Carne con anacardi	*205*
Casseruola di manzo a cottura lenta	*206*
Manzo con cavolfiore	*207*
Manzo con sedano	*208*
Trucioli di carne fritti con sedano	*209*

Carne tagliuzzata con pollo e sedano *210*
Manzo al peperoncino *213*
Manzo con cavolo cinese *215*
Braciola Di Manzo Suey *217*
Carne con cetriolo *219*
manzo alla Chow Mein *220*
Bistecca di cetrioli *222*
Curry di manzo arrosto *223*

introduzione

Tutti coloro che amano cucinare amano provare nuovi piatti e nuove sensazioni gustative. La cucina cinese è diventata immensamente popolare negli ultimi anni perché offre una diversa varietà di sapori da gustare. La maggior parte dei piatti vengono preparati sul fornello e molti vengono preparati e cotti velocemente, quindi sono ideali per il cuoco impegnato che vuole creare un piatto appetitoso e accattivante quando ha poco tempo a disposizione. Se ti piace davvero la cucina cinese, probabilmente avrai già un wok, e questo è l'utensile perfetto per cucinare la maggior parte dei piatti descritti nel libro. Se ancora non siete convinti che questo stile di cucina faccia al caso vostro, utilizzate una buona padella o padella per provare le ricette. Quando scopri quanto sono facili da preparare e gustosi da mangiare,

Abalone marinato

Serve 4

Abalone in scatola da 450 g/1 libbra

45 ml/3 cucchiai di salsa di soia

30 ml/2 cucchiai di aceto di vino

5 ml/1 cucchiaino di zucchero

qualche goccia di olio di sesamo

Scolate l'abalone e tagliatelo a fettine sottili oppure tagliatelo a listarelle. Mescolare gli ingredienti rimanenti, versare sopra l'abalone e mescolare bene. Coprire e conservare in frigorifero per 1 ora.

Germogli di bambù brasati

Serve 4

60 ml/4 cucchiai di olio di arachidi (arachidi).
225 g/8 oz di germogli di bambù, tagliati a strisce
60 ml/4 cucchiai di brodo di pollo
15 ml/1 cucchiaio di salsa di soia
5 ml/1 cucchiaino di zucchero
5 ml/1 cucchiaino di vino di riso o sherry secco

Scaldare l'olio e friggere i germogli di bambù per 3 minuti. Mescolare il brodo, la salsa di soia, lo zucchero e il vino o lo sherry e aggiungere nella padella. Coprire e cuocere per 20 minuti. Lasciare raffreddare e raffreddare prima di servire.

Pollo con cetriolo

Serve 4

1 cetriolo, sbucciato e senza semi
225 g/8 oz di pollo cotto, tagliato a pezzi
5 ml/1 cucchiaino di senape in polvere
2,5 ml/¬Ω cucchiaino di sale
30 ml/2 cucchiai di aceto di vino

Tagliare il cetriolo a listarelle e disporlo su un piatto da portata piano. Disporre il pollo sopra. Mescolare la senape, il sale e l'aceto di vino e versare sul pollo prima di servire.

Pollo al sesamo

Serve 4

350 g/12 once di pollo cotto
120 ml/4 fl oz/½ tazza di acqua
5 ml/1 cucchiaino di senape in polvere
15 ml/1 cucchiaio di semi di sesamo
2,5 ml/½ cucchiaino di sale
Un pizzico di zucchero
45 ml/3 cucchiai di coriandolo fresco tritato
5 erba cipollina (erba cipollina), tritata
½ cespo di lattuga, tagliato a pezzi

Tagliare il pollo a listarelle sottili. Mescolare l'acqua necessaria alla senape per ottenere una pasta liscia e incorporarla al pollo. Tostare i semi di sesamo in una padella asciutta finché non saranno leggermente dorati, quindi aggiungerli al pollo e cospargere di sale e zucchero. Aggiungete metà del prezzemolo e dell'erba cipollina e mescolate bene. Disporre la lattuga su un piatto da portata, ricoprirla con il composto di pollo e guarnire con il prezzemolo rimasto.

Litchi allo zenzero

Serve 4

1 cocomero grande, tagliato a metà e senza semi
450 g/1 lb di litchi in scatola, sgocciolati
5 cm/2 gambo di zenzero, a fette
alcune foglie di menta

Farcire le metà del melone con litchi e zenzero, guarnire con foglie di menta. Raffreddare prima di servire.

Ali di pollo bollite rosse

Serve 4

8 ali di pollo
2 erba cipollina (erba cipollina), tritata
75 ml/5 cucchiai di salsa di soia
120 ml/4 fl oz/¬Ω tazza di acqua
30 ml/2 cucchiai di zucchero di canna

Tagliare ed eliminare le estremità ossute delle ali di pollo e tagliarle a metà. Metterlo in una padella con gli altri ingredienti, portare ad ebollizione, coprire e cuocere per 30 minuti. Togliete il coperchio e continuate a cuocere per altri 15 minuti, spennellando spesso. Lasciare raffreddare, quindi raffreddare prima di servire.

Polpa di granchio con cetriolo

Serve 4

100 g di polpa di granchio, in scaglie
2 cetrioli, sbucciati e tritati
1 fetta di radice di zenzero, tritata
15 ml/1 cucchiaio di salsa di soia
30 ml/2 cucchiai di aceto di vino
5 ml/1 cucchiaino di zucchero
qualche goccia di olio di sesamo

Metti la polpa di granchio e i cetrioli in una ciotola. Mescolare gli ingredienti rimanenti, versare sopra il composto di polpa di granchio e mescolare bene. Coprire e conservare in frigorifero per 30 minuti prima di servire.

funghi marinati

Serve 4

225 g di funghi champignon
30 ml/2 cucchiai di salsa di soia
15 ml/1 cucchiaio di vino di riso o sherry secco
pizzico di sale
qualche goccia di salsa tabasco
qualche goccia di olio di sesamo

Scottare i funghi in acqua bollente per 2 minuti, scolarli e asciugarli. Mettetela in una ciotola e versatela sopra gli altri ingredienti. Mescolare bene e conservare in frigorifero prima di servire.

Funghi All'aglio Marinati

Serve 4

225 g di funghi champignon
3 spicchi d'aglio, schiacciati
30 ml/2 cucchiai di salsa di soia
30 ml/2 cucchiai di vino di riso o sherry secco
15 ml/1 cucchiaio di olio di sesamo
pizzico di sale

Mettete i funghi e l'aglio in uno scolapasta, versate l'acqua bollente e lasciate riposare per 3 minuti. Scolare e asciugare bene. Mescolare gli ingredienti rimanenti, versare la marinata sui funghi e lasciar marinare per 1 ora.

Gamberetti e cavolfiore

Serve 4

225 g di cimette di cavolfiore
100 g/4 once di gamberi sgusciati
15 ml/1 cucchiaio di salsa di soia
5 ml/1 cucchiaino di olio di sesamo

Cuocere il cavolfiore per circa 5 minuti finché sarà tenero ma ancora croccante. Mescolare con i gamberi, cospargere con salsa di soia e olio di sesamo e mescolare. Raffreddare prima di servire.

Bastoncini di prosciutto al sesamo

Serve 4

225 g di prosciutto, tagliato a listarelle
10 ml/2 cucchiaini di salsa di soia
2,5 ml/¬Ω cucchiaino di olio di sesamo

Disporre il prosciutto su un piatto da portata. Mescolare la salsa di soia e l'olio di sesamo, cospargere il prosciutto e servire.

Tofu freddo

Serve 4

450 g/1 libbra di tofu, tagliato a fette
45 ml/3 cucchiai di salsa di soia
45 ml/3 cucchiai di olio di arachidi (arachidi).
pepe appena macinato

Mettete il tofu, poche fette alla volta, in uno scolapasta e tuffatelo nell'acqua bollente per 40 secondi, poi scolatelo e disponetelo su un piatto da portata. Lasciate raffreddare. Mescolare salsa di soia e olio, cospargere il tofu e servire spolverato di pepe.

Pollo con pancetta

Serve 4

225 g/8 oz di pollo, tagliato a fette molto sottili
75 ml/5 cucchiai di salsa di soia
15 ml/1 cucchiaio di vino di riso o sherry secco
1 spicchio d'aglio, schiacciato
15 ml/1 cucchiaio di zucchero di canna
5 ml/1 cucchiaino di sale
5 ml/1 cucchiaino di radice di zenzero tritata
225 g/8 once di pancetta magra, tagliata a cubetti
100 g di castagne d'acqua, tagliate a fettine molto sottili
30 ml/2 cucchiai di miele

Metti il pollo in una ciotola. Mescolare 45 ml/3 cucchiai di salsa di soia con il vino o lo sherry, l'aglio, lo zucchero, il sale e lo zenzero, versare sul pollo e lasciare marinare per circa 3 ore. Infilare il pollo, la pancetta e le castagne negli spiedini di kebab. Mescolare la restante salsa di soia con il miele e spennellare gli spiedini. Cuocere alla griglia (cuocere) su una griglia calda per circa 10 minuti fino a cottura ultimata, girando spesso e spennellando con altra glassa durante la cottura.

Patatine fritte con pollo e banane

Serve 4

2 petti di pollo cotti
2 banane sode
6 fette di pane
4 uova
120 ml/4 fl oz/¬Ω tazza di latte
50 g/2 oz/¬Ω tazza di farina semplice (per tutti gli usi)
225 g/8 oz/4 tazze di pangrattato fresco
olio per friggere

Tagliare il pollo in 24 pezzi. Sbucciare le banane e tagliarle in quarti nel senso della lunghezza. Tagliare ogni quarto in terzi per ottenere 24 pezzi. Togliete la crosta al pane e tagliatelo in quattro. Sbattere le uova e il latte e spennellare un lato del pane. Metti un pezzo di pollo e un pezzo di banana sul lato ricoperto di uovo di ogni pezzo di pane. Passare leggermente i quadratini nella farina, passarli nell'uovo e passarli nel pangrattato. Passare nuovamente nell'uovo e nel pangrattato. Scaldare l'olio e friggere pochi quadratini alla volta fino a doratura. Scolare su carta da cucina prima di servire.

Pollo allo zenzero e funghi

Serve 4

225 g di filetti di petto di pollo
5 ml/1 cucchiaino di polvere di cinque spezie
15 ml/1 cucchiaio di farina semplice (per tutti gli usi)
120 ml/4 fl oz/¬Ω tazza di olio di arachidi (arachidi).
4 scalogni, tagliati a metà
1 spicchio d'aglio, affettato
1 fetta di radice di zenzero, tritata
25 g/1 oz/¬esima tazza di anacardi
5 ml/1 cucchiaino di miele
15 ml/1 cucchiaio di farina di riso
75 ml/5 cucchiai di vino di riso o sherry secco
100 g/4 once di funghi, tagliati in quarti
2,5 ml/¬Ω cucchiaino di curcuma
6 peperoni gialli tagliati a metà
5 ml/1 cucchiaino di salsa di soia
succo di limone
sale e pepe
4 foglie di lattuga croccanti

Tagliare il petto di pollo in diagonale lungo la fibra a strisce sottili. Cospargere con polvere di cinque spezie e ricoprire leggermente di farina. Scaldare 15 ml/1 cucchiaio di olio e friggere il pollo fino a doratura. Togliere dalla padella. Scaldate ancora un po' d'olio e fate rosolare la cipolla, l'aglio, lo zenzero e gli anacardi per 1 minuto. Aggiungere il miele e mescolare finché le verdure non saranno ricoperte. Cospargere di farina e aggiungere il vino o lo sherry. Aggiungere i funghi, lo zafferano e il pepe e cuocere per 1 minuto. Aggiungere il pollo, la salsa di soia, metà del succo di limone, sale e pepe e scaldare. Togliere dalla padella e tenere in caldo. Scaldare ancora un po' d'olio d'oliva, aggiungere le foglie di lattuga e friggerle velocemente, condendo con sale, pepe e il restante succo di lime. Disporre le foglie di lattuga su un piatto riscaldato,

Pollo e Prosciutto

Serve 4

225 g/8 oz di pollo, tagliato a fette molto sottili
75 ml/5 cucchiai di salsa di soia
15 ml/1 cucchiaio di vino di riso o sherry secco
15 ml/1 cucchiaio di zucchero di canna
5 ml/1 cucchiaino di radice di zenzero tritata
1 spicchio d'aglio, schiacciato
225 g di prosciutto cotto, a cubetti
30 ml/2 cucchiai di miele

Mettete il pollo in una ciotola con 45 ml/3 cucchiai di salsa di soia, vino o sherry, zucchero, zenzero e aglio. Lasciare marinare per 3 ore. Infilare il pollo e il prosciutto negli spiedini di kebab. Mescolare la restante salsa di soia con il miele e spennellare gli spiedini. Cuocere alla griglia (cuocere) su una griglia calda per circa 10 minuti, girando spesso e spennellando con la glassa mentre cuociono.

Fegatini Di Pollo Alla Griglia

Serve 4

450 g/1 libbra di fegato di pollo

45 ml/3 cucchiai di salsa di soia

15 ml/1 cucchiaio di vino di riso o sherry secco

15 ml/1 cucchiaio di zucchero di canna

5 ml/1 cucchiaino di sale

5 ml/1 cucchiaino di radice di zenzero tritata

1 spicchio d'aglio, schiacciato

Cuocere i fegatini di pollo in acqua bollente per 2 minuti e scolarli bene. Mettetela in una ciotola con tutti gli ingredienti rimanenti tranne l'olio e fate marinare per circa 3 ore. Infilare i fegatini di pollo sugli spiedini di kebab e cuocerli alla griglia su una griglia calda per circa 8 minuti fino a doratura.

Polpette di granchio con castagne d'acqua

Serve 4

450 g/1 libbra di polpa di granchio, tritata
100 g di castagne d'acqua, tritate
1 spicchio d'aglio, schiacciato
1 cm/¬Ω di radice di zenzero a fette, tritata
45 ml/3 cucchiai di farina di mais (amido di mais)
30 ml/2 cucchiai di salsa di soia
15 ml/1 cucchiaio di vino di riso o sherry secco
5 ml/1 cucchiaino di sale
5 ml/1 cucchiaino di zucchero
3 uova sbattute
olio per friggere

Mescolare tutti gli ingredienti, escluso l'olio, e formare delle palline. Scaldare l'olio e friggere le polpette di granchio fino a doratura. Scolare bene prima di servire.

Dim Sum

Serve 4

100 g/4 oz gamberetti sgusciati, tritati
225 g/8 oz di carne di maiale magra, tritata finemente
50 g/2 once di cavolo cinese, tritato finemente
3 erba cipollina (erba cipollina), tritata
1 uovo sbattuto
30 ml/2 cucchiai di farina di mais (amido di mais)
10 ml/2 cucchiaini di salsa di soia
5 ml/1 cucchiaino di olio di sesamo
5 ml/1 cucchiaino di salsa di ostriche
24 pelli di wonton
olio per friggere

Mescolare i gamberi, il maiale, il cavolo e gli scalogni. Mescolare l'uovo, la farina di mais, la salsa di soia, l'olio di sesamo e la salsa di ostriche. Metti dei cucchiai di composto al centro di ogni pelle di wonton. Premere delicatamente gli involucri attorno al ripieno, piegando i bordi ma lasciando aperta la parte superiore. Scaldare l'olio e friggere i dim sum pochi alla volta fino a doratura. Scolatele bene e servitele calde.

Involtini di pollo e prosciutto

Serve 4

2 petti di pollo

1 spicchio d'aglio, schiacciato

2,5 ml/¬Ω cucchiaino di sale

2,5 ml/¬Ω cucchiaino di polvere di cinque spezie

4 fette di prosciutto cotto

1 uovo sbattuto

30 ml/2 cucchiai di latte

25 g/1 oz/¬th tazza di farina per tutti gli usi

4 pelli per involtini di uova

olio per friggere

Tagliare i petti di pollo a metà. Tritateli finché non saranno molto fini. Mescolare l'aglio, il sale e le cinque spezie in polvere e cospargerli sul pollo. Mettete una fetta di prosciutto sopra ogni pezzo di pollo e arrotolate bene. Mescolare l'uovo e il latte. Ricoprire leggermente i pezzi di pollo con la farina e immergerli nel composto di uova. Adagiate ogni pezzo sulla pelle dell'involtino e spennellate i bordi con l'uovo sbattuto. Ripiegare i lati e arrotolare, pizzicando i bordi per sigillare. Scaldare l'olio e friggere i panini per circa 5 minuti fino a doratura rosolato e cotto. Scolatele su carta da cucina e tagliatele a fette spesse in diagonale per servire.

Ricette Prosciutto Cotto

Serve 4

350 g/12 oz/3 tazze di farina semplice (per tutti gli usi)
175 g/6 oz/¬œ tazza di burro
120 ml/4 fl oz/¬Ω tazza di acqua
225 g/8 once di prosciutto, tritato
100 g/4 once di germogli di bambù, tritati
2 erba cipollina (erba cipollina), tritata
15 ml/1 cucchiaio di salsa di soia
30 ml/2 cucchiai di semi di sesamo

Mettete la farina in una ciotola e strofinatela nel burro. Mescolare l'acqua per formare un impasto. Stendere la pasta e tagliarla in cerchi di 5 cm/2. Mescolare tutti gli ingredienti rimanenti tranne i semi di sesamo e versarli in ogni cerchio. Spennellare i bordi dell'impasto con acqua e sigillare. Spennellare la parte esterna con acqua e cospargere con semi di sesamo. Cuocere in forno preriscaldato a 180¬∞C/350¬∞F/gas mark 4 per 30 minuti.

Pesce pseudo affumicato

Serve 4

1 branzino

3 fette di radice di zenzero, affettate

1 spicchio d'aglio, schiacciato

1 scalogno (scalogno), affettato spesso

75 ml/5 cucchiai di salsa di soia

30 ml/2 cucchiai di vino di riso o sherry secco

2,5 ml/½ cucchiaino di anice macinato

2,5 ml/½ cucchiaino di olio di sesamo

10 ml/2 cucchiaini di zucchero

120 ml/4 fl oz/½ tazza di brodo

olio per friggere

5 ml/1 cucchiaino di farina di mais (amido di mais)

Mondate il pesce e tagliatelo a fette di 5 mm (¼ in) contropelo. Mescolare lo zenzero, l'aglio, l'erba cipollina, 60 ml/4 cucchiai di salsa di soia, lo sherry, l'anice e l'olio di sesamo. Versare sul pesce e mescolare delicatamente. Lasciare riposare per 2 ore girando di tanto in tanto.

Scolate la marinata in una padella e fate asciugare il pesce su carta da cucina. Aggiungere lo zucchero, il brodo e la restante salsa di soia

marinata, portare a ebollizione e cuocere per 1 minuto. Se la salsa dovesse addensarsi, mescolare la maizena con un po' di acqua fredda, incorporarla alla salsa e cuocere, mescolando, finché la salsa non si sarà addensata.

Nel frattempo scaldate l'olio e friggete il pesce fino a doratura. Asciugare bene. Immergere i pezzi di pesce nella marinata e disporli su un piatto da portata caldo. Servire caldo o freddo.

Funghi stufati

Serve 4

12 grandi cappelli di funghi secchi
225 g/8 once di polpa di granchio
3 castagne d'acqua, tritate
2 erba cipollina (erba cipollina), tritata finemente
1 albume d'uovo
15 ml/1 cucchiaio di farina di mais (amido di mais)
15 ml/1 cucchiaio di salsa di soia
15 ml/1 cucchiaio di vino di riso o sherry secco

Mettere a bagno i funghi in acqua tiepida per una notte. Strizzare a secco. Mescolare gli ingredienti rimanenti e utilizzarli per riempire le calotte dei funghi. Disporre su un piatto e cuocere a vapore per 40 minuti. Servire caldo.

Funghi in salsa di ostriche

Serve 4

10 funghi cinesi secchi
250 ml/8 fl oz/1 tazza di brodo di manzo
15 ml/1 cucchiaio di farina di mais (amido di mais)
30 ml/2 cucchiai di salsa di ostriche
5 ml/1 cucchiaino di vino di riso o sherry secco

Immergere i funghi in acqua tiepida per 30 minuti e scolarli, conservando 250 ml/8 fl oz/1 tazza di liquido di ammollo. Scartare i gambi. Mescolare 60 ml/4 cucchiai di brodo di carne con la maizena fino ad ottenere una pasta. Far bollire il restante brodo di carne con i funghi e il liquido dei funghi, coprire e cuocere a fuoco lento per 20 minuti. Togliete i funghi dal liquido con una schiumarola e disponeteli su un piatto da portata caldo. Aggiungere la salsa di ostriche e lo sherry nella padella e cuocere, mescolando, per 2 minuti. Unire la pasta di farina di mais e cuocere, mescolando finché la salsa non si sarà addensata. Versare sui funghi e servire subito.

Involtini di maiale e lattuga

Serve 4

4 funghi cinesi secchi
15 ml/1 cucchiaio di olio di arachidi
225 g/8 oz di carne di maiale magra, macinata
100 g/4 once di germogli di bambù, tritati
100 g di castagne d'acqua, tritate
4 scalogni (erba cipollina), tritati
175 g/6 oz di polpa di granchio, in scaglie
30 ml/2 cucchiai di vino di riso o sherry secco
15 ml/1 cucchiaio di salsa di soia
10 ml/2 cucchiaini di salsa di ostriche
10 ml/2 cucchiaini di olio di sesamo
9 foglie cinesi

Immergere i funghi in acqua tiepida per 30 minuti e scolarli. Eliminare i gambi e tritare le cime. Scaldare l'olio e friggere la carne di maiale per 5 minuti. Aggiungere i funghi, i germogli di bambù, le castagne d'acqua, gli scalogni e la polpa di granchio e far rosolare per 2 minuti. Mescolare il vino o lo sherry, la salsa di soia, la salsa di ostriche e l'olio di sesamo e mescolare nella padella. Togliere dal fuoco. Nel frattempo sbollentare le foglie cinesi in acqua bollente per 1 minuto e poi

drenare. Disporre al centro di ogni sfoglia delle cucchiaiate di composto di maiale, ripiegare i lati e arrotolare per servire.

Polpette di maiale e castagne

Serve 4

450 g/1 libbra di carne di maiale macinata (macinata)

50 g di funghi, tritati finemente

50 g di castagne d'acqua, tritate finemente

1 spicchio d'aglio, schiacciato

1 uovo sbattuto

30 ml/2 cucchiai di salsa di soia

15 ml/1 cucchiaio di vino di riso o sherry secco

5 ml/1 cucchiaino di radice di zenzero tritata

5 ml/1 cucchiaino di zucchero

sale

30 ml/2 cucchiai di farina di mais (amido di mais)

olio per friggere

Mescolare tutti gli ingredienti, tranne la maizena, e formare delle palline con il composto. Passare nella farina di mais. Scaldate l'olio e friggete le polpette per circa 10 minuti fino a doratura. Scolare bene prima di servire.

Gnocchi di maiale

Serve 4,Äì6

450 g/1 libbra di farina semplice (per tutti gli usi)
500 ml/17 fl oz/2 tazze di acqua
450 g/1 lb di carne di maiale cotta, macinata
225 g/8 oz gamberetti sgusciati, tritati
4 gambi di sedano, tritati
15 ml/1 cucchiaio di salsa di soia
15 ml/1 cucchiaio di vino di riso o sherry secco
15 ml/1 cucchiaio di olio di sesamo
5 ml/1 cucchiaino di sale
2 erba cipollina (erba cipollina), tritata finemente
2 spicchi d'aglio, schiacciati
1 fetta di radice di zenzero, tritata

Mescolare la farina e l'acqua fino ad ottenere un impasto morbido e impastare bene. Coprire e lasciare riposare per 10 minuti. Stendere la pasta il più sottile possibile e tagliarla in cerchi di 5 cm/2. Mescolare tutti gli ingredienti rimanenti. Disporre su ogni cerchio delle cucchiaiate del composto, inumidire i bordi e chiudere a semicerchio. Fate bollire una pentola d'acqua e mettete con cura gli gnocchi nell'acqua.

Polpette di maiale e vitello

Serve 4

100 g/4 oz carne di maiale macinata (macinata)
100 g/4 oz carne di vitello macinata (macinata)
1 fetta di pancetta, tritata (macinata)
15 ml/1 cucchiaio di salsa di soia
sale e pepe
1 uovo sbattuto
30 ml/2 cucchiai di farina di mais (amido di mais)
olio per friggere

Mescolare la carne macinata e la pancetta e condire con sale e pepe. Unire all'uovo, formare delle palline grandi quanto una noce e spolverarle con la maizena. Scaldare l'olio e friggere fino a doratura. Scolare bene prima di servire.

gamberetti farfalla

Serve 4

450 g di gamberi grandi sgusciati
15 ml/1 cucchiaio di salsa di soia
5 ml/1 cucchiaino di vino di riso o sherry secco
5 ml/1 cucchiaino di radice di zenzero tritata
2,5 ml/½ cucchiaino di sale
2 uova, sbattute
30 ml/2 cucchiai di farina di mais (amido di mais)
15 ml/1 cucchiaio di farina semplice (per tutti gli usi)
olio per friggere

Tagliate i gamberi a metà dorso e allargateli a formare una farfalla. Mescolare salsa di soia, vino o sherry, zenzero e sale. Versare sopra i gamberi e lasciare marinare per 30 minuti. Togliere dalla marinata e asciugare. Sbattete l'uovo con la farina di mais e la farina fino ad ottenere un impasto e immergete i gamberetti nell'impasto. Scaldare l'olio e friggere i gamberi fino a doratura. Scolare bene prima di servire.

Camerun cinese

Serve 4

450 g/1 libbra di gamberi sgusciati
30 ml/2 cucchiai di salsa Worcestershire
15 ml/1 cucchiaio di salsa di soia
15 ml/1 cucchiaio di vino di riso o sherry secco
15 ml/1 cucchiaio di zucchero di canna

Metti i gamberetti in una ciotola. Mescolare gli ingredienti rimanenti, versare sopra i gamberetti e marinare per 30 minuti. Trasferire su una teglia e cuocere in forno preriscaldato a 150¬∞C/300¬∞F/gas mark 2 per 25 minuti. Servire caldo o freddo nei gusci affinché gli ospiti possano sbucciarli.

Cracker Di Gamberetti

Serve 4

100 g di cracker di gamberi
olio per friggere

Scaldare l'olio fino a quando sarà molto caldo. Aggiungete una manciata di cracker di gamberi alla volta e friggeteli per qualche secondo finché non saranno gonfi. Toglieteli dall'olio e fateli scolare su carta da cucina mentre continuate a friggere i biscotti.

Gamberetti croccanti

Serve 4

450 g di gamberi tigre sgusciati
15 ml/1 cucchiaio di vino di riso o sherry secco
10 ml/2 cucchiaini di salsa di soia
5 ml/1 cucchiaino di polvere di cinque spezie
sale e pepe
90 ml/6 cucchiai di farina di mais (amido di mais)
2 uova, sbattute
100 g/4 once di pangrattato
olio di arachidi per friggere

Condire i gamberetti con il vino o lo sherry, la salsa di soia e la polvere di cinque spezie e condire con sale e pepe. Passateli nella farina di mais e passateli nell'uovo sbattuto e nel pangrattato. Friggeteli in olio bollente per qualche minuto fino a quando saranno leggermente dorati, scolateli e serviteli subito.

Gamberetti con salsa allo zenzero

Serve 4

15 ml/1 cucchiaio di salsa di soia
5 ml/1 cucchiaino di vino di riso o sherry secco
5 ml/1 cucchiaino di olio di sesamo
450 g di gamberi sgusciati
30 ml/2 cucchiai di prezzemolo fresco tritato
15 ml/1 cucchiaio di aceto di vino
5 ml/1 cucchiaino di radice di zenzero tritata

Mescolare salsa di soia, vino o sherry e olio di sesamo. Versare sopra i gamberi, coprire e marinare per 30 minuti. Grigliare i gamberi per qualche minuto fino a cottura, irrorandoli con la marinata. Nel frattempo mescolare il prezzemolo, l'aceto di vino e lo zenzero per servire con i gamberi.

Involtini di pasta e gamberi

Serve 4

50 g/2 oz di pasta all'uovo, spezzettata
15 ml/1 cucchiaio di olio di arachidi
50 g/2 once di carne di maiale magra, tritata finemente
100 g/4 once di funghi, tritati
3 erba cipollina (erba cipollina), tritata
100 g/4 oz gamberetti sgusciati, tritati
15 ml/1 cucchiaio di vino di riso o sherry secco
sale e pepe
24 pelli di wonton
1 uovo sbattuto
olio per friggere

Cuocete la pasta in acqua bollente per 5 minuti, scolatela e tritatela. Scaldare l'olio e friggere la carne di maiale per 4 minuti. Aggiungere i funghi e le cipolle, far rosolare per 2 minuti e togliere dal fuoco. Mescolare i gamberetti, il vino o lo sherry e la pasta e condire a piacere con sale e pepe. Mettete delle cucchiaiate di composto al centro di ogni wonton e spennellate i bordi con l'uovo sbattuto. Ripiegare i bordi e arrotolare i pacchi sigillando i bordi. Scaldate l'olio e friggete gli involtini pochi alla volta per circa 5 minuti fino a doratura. Scolare su carta da cucina prima di servire.

toast ai gamberetti

Serve 4

2 uova 450 g/1 libbra di gamberi sgusciati, tritati
15 ml/1 cucchiaio di farina di mais (amido di mais)
1 cipolla, tritata finemente
30 ml/2 cucchiai di salsa di soia
15 ml/1 cucchiaio di vino di riso o sherry secco
5 ml/1 cucchiaino di sale
5 ml/1 cucchiaino di radice di zenzero tritata
8 fette di pane tagliate a triangoli
olio per friggere

Mescolare 1 uovo con tutti gli ingredienti rimanenti tranne il pane e l'olio. Versare il composto nei triangoli di pane e pressarli formando una cupola. Spennellare con l'uovo rimasto. Scaldare circa 5 cm di olio e friggere i triangoli di pane fino a doratura. Scolare bene prima di servire.

Wonton di maiale e gamberi con salsa agrodolce

Serve 4

120 ml/4 fl oz/½ tazza di acqua
60 ml/4 cucchiai di aceto di vino
60 ml/4 cucchiai di zucchero di canna
30 ml/2 cucchiai di passata di pomodoro (pasta)
10 ml/2 cucchiaini di farina di mais (amido di mais)
25 g/1 oncia di funghi, tritati
25 g/1 oncia di gamberi sgusciati, tritati
50 g/2 once di carne di maiale magra, macinata
2 erba cipollina (erba cipollina), tritata
5 ml/1 cucchiaino di salsa di soia
2,5 ml/½ cucchiaino di radice di zenzero grattugiata
1 spicchio d'aglio, schiacciato
24 pelli di wonton
olio per friggere

In un pentolino mescolare l'acqua, l'aceto di vino, lo zucchero, la passata di pomodoro e la farina di mais. Portare a ebollizione, mescolando continuamente, e cuocere per 1 minuto. Togliere dal fuoco e tenere al caldo.

Mescolare i funghi, i gamberetti, il maiale, lo scalogno, la salsa di soia, lo zenzero e l'aglio. Disporre su ogni pelle delle cucchiaiate di ripieno, spennellare i bordi con acqua e premere per sigillare. Scaldate l'olio e friggete i wonton pochi alla volta fino a doratura. Scolatele su carta da cucina e servitele calde con salsa agrodolce.

Brodo di pollo

Produce 2 litri/3½ punti/8½ tazze

1,5 kg/2 lb di ossa di pollo cotte o crude

450 g/1 libbra di ossa di maiale

1 cm/½ pezzo di radice di zenzero

3 scalogni (scalogno), affettati

1 spicchio d'aglio, schiacciato

5 ml/1 cucchiaino di sale

2,25 litri/4 punti/10 tazze di acqua

Portare a ebollizione tutti gli ingredienti, coprire e cuocere per 15 minuti. Rimuovere eventuali grassi. Coprire e cuocere per 1 ora e 1/2. Filtrare, raffreddare e scolare. Congelare in piccole quantità o conservare in frigorifero e consumare entro 2 giorni.

Zuppa di germogli di soia e maiale

Serve 4

450 g/1 libbra di maiale, a cubetti
1,5 l/2½ punti/6 tazze di brodo di pollo
5 fette di radice di zenzero
350 g/12 once di germogli di soia
15 ml/1 cucchiaio di sale

Sbollentare la carne di maiale in acqua bollente per 10 minuti e scolarla. Portare a ebollizione il brodo e aggiungere la carne di maiale e lo zenzero. Coprire e cuocere per 50 minuti. Aggiungete i germogli di soia, il sale e fate cuocere per 20 minuti.

Zuppa di abalone e funghi

Serve 4

60 ml/4 cucchiai di olio di arachidi (arachidi).
100 g/4 oz di carne di maiale magra, tagliata a listarelle
225 g/8 oz di abalone in scatola, tagliato a strisce
100 g di funghi, affettati
2 gambi di sedano, affettati
50 g di prosciutto tagliato a listarelle
2 cipolle, affettate
1,5 l/2½ punti/6 tazze di acqua
30 ml/2 cucchiai di aceto di vino
45 ml/3 cucchiai di salsa di soia
2 fette di radice di zenzero, tritate
sale e pepe macinato fresco
15 ml/1 cucchiaio di farina di mais (amido di mais)
45 ml/3 cucchiai di acqua

Scaldare l'olio e friggere il maiale, l'abalone, i funghi, il sedano, il prosciutto e la cipolla per 8 minuti. Aggiungere l'acqua e l'aceto di vino, portare ad ebollizione, coprire e cuocere per 20 minuti. Aggiungere salsa di soia, zenzero, sale e pepe. Mescolare la farina di mais fino a formare una pasta con il acqua, unire alla zuppa e cuocere, mescolando, per 5 minuti fino a quando la zuppa diventa chiara e si addensa.

Zuppa di pollo e asparagi

Serve 4

100 g/4 once di pollo, grattugiato

2 albumi

2,5 ml/½ cucchiaino di sale

30 ml/2 cucchiai di farina di mais (amido di mais)

225 g/8 oz asparagi, tagliati in 5 cm/2 pezzi

100 g di germogli di soia

1,5 l/2½ punti/6 tazze di brodo di pollo

100 g di funghi champignon

Mescolare il pollo con gli albumi, il sale e la maizena e lasciarlo riposare per 30 minuti. Cuocere il pollo in acqua bollente per circa 10 minuti fino a cottura ultimata e scolarlo bene. Scottare gli asparagi in acqua bollente per 2 minuti e scolarli. Sbollentare i germogli di soia in acqua bollente per 3 minuti e scolarli. Versare il brodo in una pentola capiente e aggiungere il pollo, gli asparagi, i funghi e i germogli di soia. Portare a ebollizione e condire a piacere con sale. Cuocere per qualche minuto per permettere ai sapori di svilupparsi e fino a quando le verdure saranno tenere ma ancora croccanti.

Zuppa di carne

Serve 4

225 g/8 once di carne macinata (macinata)
15 ml/1 cucchiaio di salsa di soia
15 ml/1 cucchiaio di vino di riso o sherry secco
15 ml/1 cucchiaio di farina di mais (amido di mais)
1,2 l/2 pezzi/5 tazze di brodo di pollo
5 ml/1 cucchiaino di salsa di peperoncino
sale e pepe
2 uova, sbattute
6 erba cipollina (erba cipollina), tritata

Mescolare la carne con salsa di soia, vino o sherry e farina di mais. Aggiungere al brodo e portare lentamente ad ebollizione mescolando. Aggiungere la salsa di peperoni e aggiustare di sale e pepe, coprire e cuocere per circa 10 minuti, mescolando di tanto in tanto. Aggiungete le uova e servite cosparse di erba cipollina.

Zuppa cinese di manzo e foglie

Serve 4

200 g di carne magra tagliata a listarelle
15 ml/1 cucchiaio di salsa di soia
15 ml/1 cucchiaio di olio di arachidi
1,5 l/2½ punti/6 tazze di brodo di manzo
5 ml/1 cucchiaino di sale
2,5 ml/½ cucchiaino di zucchero
½ testa di foglie cinesi tagliate a pezzi

Mescolare la carne con la salsa di soia e l'olio e lasciare marinare per 30 minuti, mescolando di tanto in tanto. Portare a ebollizione il brodo con il sale e lo zucchero, aggiungere le foglie cinesi e cuocere per circa 10 minuti fino a quasi cottura. Aggiungere la carne e farla rosolare per altri 5 minuti.

Zuppa di cavoli

Serve 4

60 ml/4 cucchiai di olio di arachidi (arachidi).

2 cipolle, tritate

100 g/4 oz di carne di maiale magra, tagliata a listarelle

225 g/8 once di cavolo cinese, tritato

10 ml/2 cucchiaini di zucchero

1,2 l/2 pezzi/5 tazze di brodo di pollo

45 ml/3 cucchiai di salsa di soia

sale e pepe

15 ml/1 cucchiaio di farina di mais (amido di mais)

Scaldare l'olio e friggere la cipolla e il maiale fino a quando saranno leggermente dorati. Aggiungete il cavolo e lo zucchero e fate rosolare per 5 minuti. Aggiungere il brodo e la salsa di soia e condire a piacere con sale e pepe. Portare a ebollizione, coprire e cuocere a fuoco lento per 20 minuti. Mescolare la maizena con un po' d'acqua, incorporarla alla zuppa e cuocere, mescolando, finché la zuppa non si sarà addensata e schiarita.

Zuppa Di Manzo Piccante

Serve 4

45 ml/3 cucchiai di olio di arachidi (arachidi).
1 spicchio d'aglio, schiacciato
5 ml/1 cucchiaino di sale
225 g/8 once di carne macinata (macinata)
6 cipolline (erba cipollina), tagliate a listarelle
1 peperone rosso, tagliato a strisce
1 peperone verde, tagliato a strisce
225 g/8 once di cavolo cappuccio, tritato
1 l/1¾ punti/4¼ tazze di brodo di manzo
30 ml/2 cucchiai di salsa di prugne
30 ml/2 cucchiai di salsa hoisin
45 ml/3 cucchiai di salsa di soia
2 pezzi di gambo di zenzero tritato
2 uova
5 ml/1 cucchiaino di olio di sesamo
225 g di pasta chiara, ammollata

Scaldare l'olio d'oliva e soffriggere l'aglio e il sale fino a quando saranno leggermente dorati. Aggiungete la carne e fatela rosolare velocemente. Aggiungere le verdure e rosolarle fino a renderle traslucide. Aggiungere brodo, salsa di prugne, salsa hoisin, 30 ml/2

cucchiai di salsa di soia e zenzero, portare ad ebollizione e cuocere per 10 minuti. Sbattere le uova con l'olio di sesamo e la rimanente salsa di soia. Aggiungetela alla zuppa con le tagliatelle e fate cuocere, mescolando, finché le uova non formeranno dei fili e le tagliatelle saranno tenere.

Zuppa celeste

Serve 4

2 erba cipollina (erba cipollina), tritata
1 spicchio d'aglio, schiacciato
30 ml/2 cucchiai di prezzemolo fresco tritato
5 ml/1 cucchiaino di sale
15 ml/1 cucchiaio di olio di arachidi
30 ml/2 cucchiai di salsa di soia
1,5 l/2½ punti/6 tazze di acqua

Mescolare l'erba cipollina, l'aglio, il prezzemolo, il sale, l'olio e la salsa di soia. Portare a ebollizione l'acqua, versarvi sopra il composto di erba cipollina e lasciare riposare per 3 minuti.

Zuppa di pollo e bambù

Serve 4

2 cosce di pollo
30 ml/2 cucchiai di olio di arachidi (arachidi)
5 ml/1 cucchiaino di vino di riso o sherry secco
1,5 l/2½ punti/6 tazze di brodo di pollo
3 erba cipollina, affettata
100 g/4 oz di germogli di bambù, tagliati a pezzi
5 ml/1 cucchiaino di radice di zenzero tritata
sale

Disossare il pollo e tagliare la carne a pezzi. Scaldare l'olio e friggere il pollo finché non sarà sigillato su tutti i lati. Aggiungere il brodo, gli scalogni, i germogli di bambù e lo zenzero, portare a ebollizione e cuocere per circa 20 minuti fino a quando il pollo sarà tenero. Condire a piacere con sale prima di servire.

Zuppa di pollo e mais

Serve 4

1 l/1¾ punti/4¼ tazze di brodo di pollo
100 g/4 once di pollo, tritato
200 g/7 oz crema di mais dolce
fetta di prosciutto, tritata
uova sbattute
15 ml/1 cucchiaio di vino di riso o sherry secco

Portare a ebollizione il brodo e il pollo, coprire e cuocere a fuoco lento per 15 minuti. Aggiungere il mais e il prosciutto, coprire e cuocere per 5 minuti. Aggiungere le uova e lo sherry, mescolando lentamente con una bacchetta in modo che le uova si formino a fili. Togliere dal fuoco, coprire e lasciare riposare per 3 minuti prima di servire.

Zuppa di pollo e zenzero

Serve 4

4 funghi cinesi secchi
1,5 l/2½ punti/6 tazze di acqua o brodo di pollo
225 g/8 once di carne di pollo, a cubetti
10 fette di radice di zenzero
5 ml/1 cucchiaino di vino di riso o sherry secco
sale

Immergere i funghi in acqua tiepida per 30 minuti e scolarli. Scartare i gambi. Portare a ebollizione l'acqua o il brodo con gli altri ingredienti e cuocere a fuoco lento per circa 20 minuti fino a quando il pollo sarà cotto.

Zuppa di pollo con funghi cinesi

Serve 4

25 g/1 oncia di funghi cinesi secchi
100 g/4 once di pollo, grattugiato
50 g/2 once di germogli di bambù, tritati
30 ml/2 cucchiai di salsa di soia
30 ml/2 cucchiai di vino di riso o sherry secco
1,2 l/2 pezzi/5 tazze di brodo di pollo

Immergere i funghi in acqua tiepida per 30 minuti e scolarli. Eliminare i gambi e tagliare le sommità. Sbollentare i funghi, il pollo e i germogli di bambù in acqua bollente per 30 secondi e scolarli. Metteteli in una ciotola e aggiungete la salsa di soia e il vino o lo sherry. Lasciare marinare per 1 ora. Far bollire il brodo, aggiungere il composto di pollo e la marinata. Mescolare bene e cuocere per qualche minuto fino a quando il pollo sarà cotto.

Zuppa di pollo e riso

Serve 4

1 l/1¾ punti/4¼ tazze di brodo di pollo
225 g/8 oz/1 tazza di riso a grani lunghi cotto
100 g/4 oz di pollo cotto, tagliato a listarelle
1 cipolla, tagliata a spicchi
5 ml/1 cucchiaino di salsa di soia

Scaldare delicatamente tutti gli ingredienti fino a quando saranno caldi senza far bollire la zuppa.

Zuppa di pollo e cocco

Serve 4

Petto di pollo da 350 g/12 once

sale

10 ml/2 cucchiaini di farina di mais (amido di mais)

30 ml/2 cucchiai di olio di arachidi (arachidi)

1 peperone verde, tritato

1 l/1¾ punti/4¼ tazze di latte di cocco

5 ml/1 cucchiaino di scorza di limone grattugiata

12 litchi

pizzico di noce moscata grattugiata

sale e pepe macinato fresco

2 foglie di melissa

Tagliare il petto di pollo in diagonale lungo la fibra a strisce. Cospargere di sale e ricoprire con farina di mais. Scaldare 10 ml/2 cucchiaini di olio in un wok, agitare e versare. Ripeti ancora una volta. Scaldare l'olio rimanente e friggere il pollo e il pepe per 1 minuto. Aggiungere il latte di cocco e portare ad ebollizione. Aggiungere la scorza di limone e cuocere per 5 minuti. Aggiungete i litchi, condite con noce moscata, sale e pepe e servite guarnendo con la melissa.

Zuppa Di Vongole

Serve 4

2 funghi cinesi secchi
12 vongole ammollate e lavate
1,5 l/2½ punti/6 tazze di brodo di pollo
50 g/2 once di germogli di bambù, tritati
50 g/2 once di taccole (piselli), tagliate a metà
2 cipollotti (scalogno), tagliati ad anelli
15 ml/1 cucchiaio di vino di riso o sherry secco
pizzico di pepe appena macinato

Immergere i funghi in acqua tiepida per 30 minuti e scolarli. Eliminare i gambi e tagliare le cime a metà. Cuocere a vapore le vongole per circa 5 minuti finché non si apriranno; scartare quelli che rimangono chiusi. Togliere le vongole dal guscio. Portare a ebollizione il brodo e aggiungere i funghi, i germogli di bambù, le taccole e gli scalogni. Cuocere, scoperto, per 2 minuti. Aggiungere le vongole, il vino o lo sherry, pepare e cuocere fino a quando saranno ben cotte.

Zuppa di uova

Serve 4

1,2 l/2 pezzi/5 tazze di brodo di pollo
3 uova sbattute
45 ml/3 cucchiai di salsa di soia
sale e pepe macinato fresco
4 scalogni (scalogno), affettati

Portare a ebollizione il brodo. Aggiungete gradualmente le uova sbattute in modo che si separino in filoni. Aggiungere la salsa di soia e condire a piacere con sale e pepe. Servire guarnito con erba cipollina.

Zuppa di granchio e capesante

Serve 4

4 funghi cinesi secchi
15 ml/1 cucchiaio di olio di arachidi
1 uovo sbattuto
1,5 l/2½ punti/6 tazze di brodo di pollo
175 g/6 oz di polpa di granchio, in scaglie
100 g di capesante sgusciate, tagliate a fette
100 g/4 oz di germogli di bambù, affettati
2 erba cipollina (erba cipollina), tritata
1 fetta di radice di zenzero, tritata
alcuni gamberetti lessati e sgusciati (facoltativi)
45 ml/3 cucchiai di farina di mais (amido di mais)
90 ml/6 cucchiai di acqua
30 ml/2 cucchiai di vino di riso o sherry secco
20 ml/4 cucchiaini di salsa di soia
2 albumi

Immergere i funghi in acqua tiepida per 30 minuti e scolarli. Eliminare i gambi e tagliare la parte superiore a fettine sottili. Scaldare l'olio, aggiungere l'uovo e inclinare la padella in modo che l'uovo copra il fondo. Cuocere fino a quando poi giratela e cuocetela dall'altro lato. Togliere dalla padella, arrotolare e tagliare a strisce sottili.

Far bollire il brodo, aggiungere i funghi, le strisce di uova, la polpa di granchio, le capesante, i germogli di bambù, le cipolline, lo zenzero e i gamberetti, se utilizzati. Riportare a ebollizione. Mescolare la maizena con 60 ml/4 cucchiai di acqua, vino o sherry e salsa di soia e incorporarla alla zuppa. Cuocere, mescolando finché la zuppa non si addensa. Sbattere gli albumi con l'acqua rimasta e versare lentamente il composto nella zuppa, mescolando energicamente.

Zuppa di granchio

Serve 4

90 ml/6 cucchiai di olio di arachidi
3 cipolle, tritate
225 g/8 oz di polpa di granchio bianca e marrone
1 fetta di radice di zenzero, tritata
1,2 l/2 pezzi/5 tazze di brodo di pollo
150 ml/¼pt/tazza di vino di riso o sherry secco
45 ml/3 cucchiai di salsa di soia
sale e pepe macinato fresco

Scaldare l'olio e friggere le cipolle finché saranno morbide ma non dorate. Aggiungere la polpa di granchio e lo zenzero e far rosolare per 5 minuti. Aggiungere brodo, vino o sherry e salsa di soia, condire con sale e pepe. Portare a ebollizione e poi cuocere per 5 minuti.

Zuppa di pesce

Serve 4

225 g di filetti di pesce
1 fetta di radice di zenzero, tritata
15 ml/1 cucchiaio di vino di riso o sherry secco
30 ml/2 cucchiai di olio di arachidi (arachidi)
1,5 l/2½ punti/6 tazze di brodo di pesce

Tagliare il pesce a listarelle sottili contro la venatura. Mescolare lo zenzero, il vino o lo sherry e l'olio, aggiungere il pesce e mescolare delicatamente. Lasciare marinare per 30 minuti, girando di tanto in tanto. Portare a ebollizione il brodo, aggiungere il pesce e cuocere lentamente per 3 minuti.

Zuppa di pesce e lattuga

Serve 4

225 g di filetti di pesce bianco
30 ml/2 cucchiai di farina semplice (per tutti gli usi)
sale e pepe macinato fresco
90 ml/6 cucchiai di olio di arachidi
6 scalogni (scalogno), affettati
100 g/4 once di lattuga, grattugiata
1,2 l/2 punti/5 tazze di acqua
10 ml/2 cucchiaino di radice di zenzero tritata finemente
150 ml/¼ pt/½ tazza generosa di vino di riso o sherry secco
30 ml/2 cucchiai di farina di mais (amido di mais)
30 ml/2 cucchiai di prezzemolo fresco tritato
10 ml/2 cucchiaini di succo di limone
30 ml/2 cucchiai di salsa di soia

Tagliare il pesce a listarelle sottili e passarlo nella farina aromatizzata. Scaldare l'olio e friggere i cipollotti fino a renderli morbidi. Aggiungere la lattuga e friggere per 2 minuti. Aggiungere il pesce e cuocere per 4 minuti. Aggiungere l'acqua, lo zenzero e il vino o lo sherry, portare a ebollizione, coprire e cuocere per 5 minuti. Mescolare la farina di mais con un po' d'acqua e incorporarla alla zuppa. Cuocere, mescolando, per altri 4 minuti fino ad ottenere una zuppa

pulire e condire con sale e pepe. Servire cosparso di prezzemolo, succo di limone e salsa di soia.

Zuppa di zenzero con gnocchi

Serve 4

5 cm/2 in pezzetti di radice di zenzero, grattugiata
350 g/12 once di zucchero di canna
1,5 l/2½ punti/7 tazze di acqua
225 g/8 once/2 tazze di farina di riso
2,5 ml/½ cucchiaino di sale
60 ml/4 cucchiai di acqua

Mettete in un pentolino lo zenzero, lo zucchero e l'acqua e fate scaldare mescolando. Coprire e cuocere per circa 20 minuti. Filtrare la zuppa e rimetterla nella padella.

Nel frattempo mettete la farina e il sale in una ciotola e impastate gradualmente con acqua quanto basta per ottenere un impasto denso. Formate delle palline e mettete gli gnocchi nella zuppa. Riportare la zuppa a ebollizione, coprire e cuocere per altri 6 minuti fino a quando gli gnocchi saranno cotti.

Zuppa calda e acida

Serve 4

8 funghi cinesi secchi
1 l/1¾ punti/4¼ tazze di brodo di pollo
100 g/4 oz di pollo, tagliato a strisce
100 g/4 oz di germogli di bambù, tagliati a strisce
100 g/4 once di tofu, tagliato a listarelle
15 ml/1 cucchiaio di salsa di soia
30 ml/2 cucchiai di aceto di vino
30 ml/2 cucchiai di farina di mais (amido di mais)
2 uova, sbattute
qualche goccia di olio di sesamo

Immergere i funghi in acqua tiepida per 30 minuti e scolarli. Eliminare i gambi e tagliare la parte superiore a listarelle. Portare a ebollizione i funghi, il brodo, il pollo, i germogli di bambù e il tofu, coprire e cuocere per 10 minuti. Mescolare la salsa di soia, l'aceto di vino e l'amido di mais fino ad ottenere una pasta liscia, unirla alla zuppa e cuocere per 2 minuti finché la zuppa non sarà traslucida. Aggiungere lentamente le uova e l'olio di sesamo, mescolando con una bacchetta. Coprire e lasciare riposare per 2 minuti prima di servire.

Zuppa di funghi

Serve 4

15 funghi cinesi secchi
1,5 l/2½ punti/6 tazze di brodo di pollo
5 ml/1 cucchiaino di sale

Immergere i funghi in acqua tiepida per 30 minuti e scolarli conservando il liquido. Eliminare i gambi e tagliare le cime a metà se sono grandi e metterle in una grande ciotola resistente al calore. Metti la ciotola su una griglia in una vaporiera. Portare a ebollizione il brodo, versarvi sopra i funghi, coprire e cuocere a vapore per 1 ora in acqua bollente. Condire a piacere con sale e servire.

Zuppa di funghi e cavoli

Serve 4

25 g/1 oncia di funghi cinesi secchi
15 ml/1 cucchiaio di olio di arachidi
50 g/2 once di foglie cinesi, tritate
15 ml/1 cucchiaio di vino di riso o sherry secco
15 ml/1 cucchiaio di salsa di soia
1,2 l/2 pezzi/5 tazze di brodo di pollo o vegetale
sale e pepe macinato fresco
5 ml/1 cucchiaino di olio di sesamo

Immergere i funghi in acqua tiepida per 30 minuti e scolarli. Eliminare i gambi e tagliare le sommità. Scaldare l'olio e friggere i funghi e le foglie cinesi per 2 minuti fino a quando saranno ben ricoperti. Aggiungere il vino o lo sherry e la salsa di soia e aggiungere il brodo. Portare a ebollizione, aggiustare di sale e pepe e cuocere per 5 minuti. Cospargere con olio di sesamo prima di servire.

Zuppa di uova e funghi

Serve 4

1 l/1¾ punti/4¼ tazze di brodo di pollo
30 ml/2 cucchiai di farina di mais (amido di mais)
100 g di funghi, affettati
1 cipolla affettata, tritata finemente
pizzico di sale
3 gocce di olio di sesamo
2,5 ml/½ cucchiaino di salsa di soia
1 uovo sbattuto

Mescolare un po' di brodo con la farina di mais, quindi incorporare tutti gli ingredienti tranne l'uovo. Portare a ebollizione, coprire e cuocere per 5 minuti. Aggiungete l'uovo, mescolando con una bacchetta in modo che l'uovo formi dei fili. Togliere dal fuoco e lasciare riposare per 2 minuti prima di servire.

Zuppa di funghi e castagne d'acqua

Serve 4

1 l/1¾ pz/4¼ tazze di brodo vegetale o acqua
2 cipolle, tritate finemente
5 ml/1 cucchiaino di vino di riso o sherry secco
30 ml/2 cucchiai di salsa di soia
225 g di funghi champignon
100 g di castagne d'acqua, a fette
100 g/4 oz di germogli di bambù, affettati
qualche goccia di olio di sesamo
2 foglie di lattuga, tagliate a pezzi
2 cipolline (erba cipollina), tagliate a pezzi

Portare a ebollizione l'acqua, la cipolla, il vino o lo sherry e la salsa di soia, coprire e cuocere a fuoco lento per 10 minuti. Aggiungete i funghi, le castagne d'acqua e i germogli di bambù, coprite e lasciate cuocere per 5 minuti. Aggiungere l'olio di sesamo, le foglie di lattuga e l'erba cipollina, togliere dal fuoco, coprire e lasciare riposare per 1 minuto prima di servire.

Zuppa di maiale e funghi

Serve 4

60 ml/4 cucchiai di olio di arachidi (arachidi).

1 spicchio d'aglio, schiacciato

2 cipolle, affettate

225 g/8 oz di carne di maiale magra, tagliata a listarelle

1 gambo di sedano, tritato

50 g/2 once di funghi, affettati

2 carote, affettate

1,2 l/2 pezzi/5 tazze di brodo di manzo

15 ml/1 cucchiaio di salsa di soia

sale e pepe macinato fresco

15 ml/1 cucchiaio di farina di mais (amido di mais)

Scaldare l'olio d'oliva e soffriggere l'aglio, la cipolla e il maiale fino a quando le cipolle saranno morbide e leggermente dorate. Aggiungere il sedano, i funghi e le carote, coprire e far cuocere lentamente per 10 minuti. Portare a ebollizione il brodo, aggiungerlo nella padella con la salsa di soia e aggiustare di sale e pepe. Mescolare la farina di mais con un po' d'acqua, quindi versarla nella padella e cuocere, mescolando, per circa 5 minuti.

Zuppa di maiale e crescione

Serve 4

1,5 l/2½ punti/6 tazze di brodo di pollo
100 g/4 oz di carne di maiale magra, tagliata a listarelle
3 gambi di sedano, tagliati in diagonale
2 scalogni (scalogno), affettati
1 mazzetto di crescione
5 ml/1 cucchiaino di sale

Portare a ebollizione il brodo, aggiungere la carne di maiale e il sedano, coprire e cuocere a fuoco lento per 15 minuti. Aggiungere i cipollotti, il crescione e il sale e cuocere, senza coperchio, per circa 4 minuti.

Zuppa di maiale e cetrioli

Serve 4

100 g/4 once di carne di maiale magra, tagliata a fettine sottili
5 ml/1 cucchiaino di farina di mais (amido di mais)
15 ml/1 cucchiaio di salsa di soia
15 ml/1 cucchiaio di vino di riso o sherry secco
1 cetriolo
1,5 l/2½ punti/6 tazze di brodo di pollo
5 ml/1 cucchiaino di sale

Mescolare il maiale, la farina di mais, la salsa di soia e il vino o lo sherry. Mescolare per ricoprire il maiale. Sbucciare il cetriolo e tagliarlo a metà nel senso della lunghezza ed eliminare i semi. Tagliare a fette spesse. Portare a ebollizione il brodo, aggiungere la carne di maiale, coprire e cuocere a fuoco lento per 10 minuti. Aggiungere il cetriolo e cuocere per qualche minuto finché non sarà traslucido. Aggiustare di sale e, se piace, aggiungere ancora un po' di salsa di soia.

Zuppa con polpette e tagliatelle

Serve 4

50 g di spaghetti di riso
225 g/8 oz carne di maiale macinata (macinata)
5 ml/1 cucchiaino di farina di mais (amido di mais)
2,5 ml/½ cucchiaino di sale
30 ml/2 cucchiai di acqua
1,5 l/2½ punti/6 tazze di brodo di pollo
1 erba cipollina (erba cipollina), tritata finemente
5 ml/1 cucchiaino di salsa di soia

Mettete la pasta in acqua fredda ad ammollare mentre preparate le polpette. Mescolare la carne di maiale, la farina di mais, un po' di sale e l'acqua e formare delle palline grandi quanto una noce. Portare a bollore una pentola d'acqua, aggiungere gli gnocchi di maiale, coprire e cuocere per 5 minuti. Scolatela bene e scolate la pasta. Portare a ebollizione il brodo, aggiungere le polpette e le tagliatelle, coprire e cuocere per 5 minuti. Aggiungere gli scalogni, la salsa di soia e il sale rimanente e cuocere per altri 2 minuti.

Zuppa di spinaci e tofu

Serve 4

1,2 l/2 pezzi/5 tazze di brodo di pollo
200 g di pomodori in scatola, scolati e tritati
225 g/8 once di tofu, a cubetti
225 g/8 once di spinaci, tritati
30 ml/2 cucchiai di salsa di soia
5 ml/1 cucchiaino di zucchero di canna
sale e pepe macinato fresco

Portare a ebollizione il brodo, aggiungere i pomodori, il tofu e gli spinaci e mescolare delicatamente. Riportare al fuoco e cuocere per 5 minuti. Aggiungere la salsa di soia e lo zucchero e condire a piacere con sale e pepe. Cuocere per 1 minuto prima di servire.

Zuppa di mais e granchio

Serve 4

1,2 l/2 pezzi/5 tazze di brodo di pollo
200 g/7 once di mais dolce
sale e pepe macinato fresco
1 uovo sbattuto
200 g di polpa di granchio, in scaglie
3 scalogni, tritati

Portare a ebollizione il brodo, aggiungere il mais dolce condito con sale e pepe. Soffriggere per 5 minuti. Poco prima di servire, versare le uova con una forchetta e mescolarle con la zuppa. Servire cosparso di polpa di granchio e scalogno tritato.

Zuppa di Sichuan

Serve 4

4 funghi cinesi secchi

1,5 l/2½ punti/6 tazze di brodo di pollo

75 ml/5 cucchiai di vino bianco secco

15 ml/1 cucchiaio di salsa di soia

2,5 ml/½ cucchiaino di salsa piccante

30 ml/2 cucchiai di farina di mais (amido di mais)

60 ml/4 cucchiai di acqua

100 g/4 oz di carne di maiale magra, tagliata a listarelle

50 g di prosciutto cotto tagliato a listarelle

1 peperone rosso, tagliato a strisce

50 g/2 oz castagne d'acqua, a fette

10 ml/2 cucchiaini di aceto di vino

5 ml/1 cucchiaino di olio di sesamo

1 uovo sbattuto

100 g/4 once di gamberi sgusciati

6 erba cipollina (erba cipollina), tritata

175 g/6 once di tofu, a cubetti

Immergere i funghi in acqua tiepida per 30 minuti e scolarli. Eliminare i gambi e tagliare le sommità. Porta il brodo, il vino, la soia

salsa e salsa di peperoncino fino all'ebollizione, coprire e cuocere per 5 minuti. Mescolare la farina di mais con metà dell'acqua e incorporarla alla zuppa, mescolando finché la zuppa non si addensa. Aggiungete i funghi, la carne di maiale, il prosciutto, il pepe e le castagne d'acqua e fate cuocere per 5 minuti. Aggiungere l'aceto di vino e l'olio di sesamo. Sbattere l'uovo con l'acqua rimasta e aggiungerlo alla zuppa, mescolando energicamente. Aggiungere i gamberetti, i cipollotti e il tofu e cuocere per qualche minuto per farli scaldare.

Zuppa di tofu

Serve 4

1,5 l/2½ punti/6 tazze di brodo di pollo
225 g/8 once di tofu, a cubetti
5 ml/1 cucchiaino di sale
5 ml/1 cucchiaino di salsa di soia

Portare a ebollizione il brodo e aggiungere il tofu, il sale e la salsa di soia. Cuocere per qualche minuto finché il tofu non sarà completamente riscaldato.

Zuppa di tofu e pesce

Serve 4

225 g/8 oz di filetto di pesce bianco, tagliato a listarelle
150 ml/¼ pt/½ tazza generosa di vino di riso o sherry secco
10 ml/2 cucchiaini di radice di zenzero tritata finemente
45 ml/3 cucchiai di salsa di soia
2,5 ml/½ cucchiaino di sale
60 ml/4 cucchiai di olio di arachidi (arachidi).
2 cipolle, tritate
100 g di funghi, affettati
1,2 l/2 pezzi/5 tazze di brodo di pollo
100 g/4 once di tofu, a cubetti
sale e pepe macinato fresco

Metti il pesce in una ciotola. Mescolare il vino o lo sherry, lo zenzero, la salsa di soia e il sale e versare sul pesce. Lasciare marinare per 30 minuti. Scaldare l'olio e soffriggere la cipolla per 2 minuti. Aggiungere i funghi e continuare a soffriggere fino a quando le cipolle saranno morbide ma non dorate. Aggiungere il pesce e la marinata, portare a ebollizione, coprire e cuocere per 5 minuti. Aggiungere il brodo, portare ad ebollizione, coprire e cuocere a fuoco lento per 15 minuti. Aggiungere il tofu e condire a piacere con sale e pepe. Cuocere fino a quando il tofu sarà cotto.

Zuppa di pomodoro

Serve 4

400 g di pomodori in scatola, scolati e tritati
1,2 l/2 pezzi/5 tazze di brodo di pollo
1 fetta di radice di zenzero, tritata
15 ml/1 cucchiaio di salsa di soia
15 ml/1 cucchiaio di salsa di peperoncino
10 ml/2 cucchiaini di zucchero

Mettete tutti gli ingredienti in una padella e fate scaldare lentamente, mescolando di tanto in tanto. Cuocere per circa 10 minuti prima di servire.

Zuppa di pomodoro e spinaci

Serve 4

1,2 l/2 pezzi/5 tazze di brodo di pollo

225 g/8 oz di pomodori pelati in scatola

225 g/8 once di tofu, a cubetti

225 g/8 once di spinaci

30 ml/2 cucchiai di salsa di soia

sale e pepe macinato fresco

2,5 ml/½ cucchiaino di zucchero

2,5 ml/½ cucchiaino di vino di riso o sherry secco

Portare a ebollizione il brodo, quindi aggiungere i pomodori, il tofu e gli spinaci e cuocere per 2 minuti. Aggiungere gli ingredienti rimanenti e cuocere per 2 minuti, mescolare bene e servire.

Zuppa di rape

Serve 4

1 l/1¾ punti/4¼ tazze di brodo di pollo
1 rapa grande, affettata sottilmente
200 g/7 oz di carne di maiale magra, tagliata a fettine sottili
15 ml/1 cucchiaio di salsa di soia
60 ml/4 cucchiai di brandy
sale e pepe macinato fresco
4 scalogni, tritati finemente

Far bollire il brodo, aggiungere la rapa e il maiale, coprire e cuocere a fuoco lento per 20 minuti finché la rapa sarà tenera e la carne ben cotta. Aggiungere salsa di soia e brandy a piacere. Cuocere fino a quando sarà caldo cosparso di scalogno.

Zuppa di verdure

Serve 4

6 funghi cinesi secchi
1 l/1¾ pz/4¼ tazze di brodo vegetale
50 g/2 once di germogli di bambù, tagliati a strisce
50 g/2 oz castagne d'acqua, a fette
8 taccole (taccole), a fette
5 ml/1 cucchiaino di salsa di soia

Immergere i funghi in acqua tiepida per 30 minuti e scolarli. Eliminare i gambi e tagliare la parte superiore a listarelle. Aggiungeteli al brodo con i germogli di bambù e le castagne d'acqua e portate a ebollizione, coprite e fate cuocere per 10 minuti. Aggiungere le taccole e la salsa di soia, coprire e cuocere per 2 minuti. Lasciare riposare per 2 minuti prima di servire.

Zuppa Vegetariana

Serve 4

¼ *cavolo bianco*

2 carote

3 gambi di sedano

2 cipolline (erba cipollina)

30 ml/2 cucchiai di olio di arachidi (arachidi)

1,5 l/2½ punti/6 tazze di acqua

15 ml/1 cucchiaio di salsa di soia

15 ml/1 cucchiaio di vino di riso o sherry secco

5 ml/1 cucchiaino di sale

pepe appena macinato

Tagliare le verdure a listarelle. Scaldare l'olio e friggere le verdure per 2 minuti finché non iniziano ad ammorbidirsi. Aggiungere gli altri ingredienti, portare ad ebollizione, coprire e cuocere per 15 minuti.

Zuppa di crescione

Serve 4

1 l/1¾ punti/4¼ tazze di brodo di pollo
1 cipolla, tritata finemente
1 gambo di sedano, tritato finemente
225 g/8 oz di crescione, tagliato grossolanamente
sale e pepe macinato fresco

Portare a ebollizione il brodo, la cipolla e il sedano, coprire e cuocere a fuoco lento per 15 minuti. Aggiungere il crescione, coprire e cuocere per 5 minuti. Condire con sale e pepe.

Pesce fritto con verdure

Serve 4

4 funghi cinesi secchi
4 pesci interi, puliti e squamati
olio per friggere
30 ml/2 cucchiai di farina di mais (amido di mais)
45 ml/3 cucchiai di olio di arachidi (arachidi).
100 g/4 oz di germogli di bambù, tagliati a strisce
50 g di castagne d'acqua, tagliate a listarelle
50 g/2 once di cavolo cinese, tritato
2 fette di radice di zenzero, tritate
30 ml/2 cucchiai di vino di riso o sherry secco
30 ml/2 cucchiai di acqua
15 ml/1 cucchiaio di salsa di soia
5 ml/1 cucchiaino di zucchero
120 ml/4 fl oz/¬Ω tazza di brodo di pesce
sale e pepe macinato fresco
¬Ω cespo di lattuga, tagliato a pezzi
15 ml/1 cucchiaio di prezzemolo tritato

Immergere i funghi in acqua tiepida per 30 minuti e scolarli. Eliminare i gambi e tagliare le sommità. Cospargere il pesce a metà

farina di mais e scrollare l'eccesso. Scaldare l'olio e friggere il pesce per circa 12 minuti fino a cottura. Scolare su carta da cucina e tenere in caldo.

Scaldare l'olio d'oliva e rosolare i funghi, i germogli di bambù, le castagne d'acqua e il cavolo per 3 minuti. Aggiungere lo zenzero, il vino o lo sherry, 15 ml/1 cucchiaio di acqua, la salsa di soia e lo zucchero e far rosolare per 1 minuto. Aggiungere il brodo, sale e pepe, portare ad ebollizione, coprire e cuocere per 3 minuti. Mescolare la maizena con l'acqua rimasta, unirla nella padella e cuocere, mescolando, finché la salsa non si sarà addensata. Disporre la lattuga su un piatto da portata e adagiarvi sopra il pesce. Versare sopra le verdure e la salsa e servire guarnito con prezzemolo.

Pesce intero arrosto

Serve 4

1 branzino grande o pesce simile
45 ml/3 cucchiai di farina di mais (amido di mais)
45 ml/3 cucchiai di olio di arachidi (arachidi).
1 cipolla tritata
2 spicchi d'aglio, schiacciati
50 g di prosciutto tagliato a listarelle
100 g/4 once di gamberi sgusciati
15 ml/1 cucchiaio di salsa di soia
15 ml/1 cucchiaio di vino di riso o sherry secco
5 ml/1 cucchiaino di zucchero
5 ml/1 cucchiaino di sale

Ricopri il pesce con farina di mais. Scaldare l'olio e soffriggere la cipolla e l'aglio fino a quando saranno leggermente dorati. Aggiungere il pesce e friggerlo fino a doratura su entrambi i lati. Trasferire il pesce su un foglio di carta stagnola in una pirofila e guarnire con prosciutto e gamberetti. Aggiungi la salsa di soia, il vino o lo sherry, lo zucchero e il sale nella padella e mescola bene. Versare sopra il pesce, chiudere la parte superiore con la pellicola e cuocere in forno preriscaldato a 150°C/300°F/gas mark 2 per 20 minuti.

Pesce di soia brasato

Serve 4

1 branzino grande o pesce simile
sale
50 g/2 oz/½ tazza di farina semplice (per tutti gli usi)
60 ml/4 cucchiai di olio di arachidi (arachidi).
3 fette di radice di zenzero, tritata
3 erba cipollina (erba cipollina), tritata
250 ml/8 fl oz/1 tazza di acqua
45 ml/3 cucchiai di salsa di soia
15 ml/1 cucchiaio di vino di riso o sherry secco
2,5 ml/½ cucchiaino di zucchero

Pulite e squamate il pesce e incidetelo in diagonale su entrambi i lati. Cospargete di sale e lasciate riposare per 10 minuti. Scaldare l'olio e friggere il pesce finché non sarà dorato su entrambi i lati, girandolo una volta e ungendolo con olio durante la cottura. Aggiungere lo zenzero, gli scalogni, l'acqua, la salsa di soia, il vino o lo sherry e lo zucchero, portare a ebollizione, coprire e cuocere a fuoco lento per 20 minuti fino a quando il pesce sarà cotto. Servire caldo o freddo.

Pesce di soia con salsa di ostriche

Serve 4

1 branzino grande o pesce simile

sale

60 ml/4 cucchiai di olio di arachidi (arachidi).

3 erba cipollina (erba cipollina), tritata

2 fette di radice di zenzero, tritate

1 spicchio d'aglio, schiacciato

45 ml/3 cucchiai di salsa di ostriche

30 ml/2 cucchiai di salsa di soia

5 ml/1 cucchiaino di zucchero

250 ml/8 fl oz/1 tazza di brodo di pesce

Pulire e squamare il pesce e incidere in diagonale alcune volte su ciascun lato. Cospargete di sale e lasciate riposare per 10 minuti. Scaldare la maggior parte dell'olio e friggere il pesce finché non sarà dorato su entrambi i lati, girandolo una volta. Nel frattempo, scaldare l'olio rimanente in una padella a parte e friggere le cipolline, lo zenzero e l'aglio fino a doratura. Aggiungere la salsa di ostriche, la salsa di soia e lo zucchero e far rosolare per 1 minuto. Aggiungere il brodo e portare ad ebollizione. Versare il composto nei pesci rossi, riportare a bollore, coprire e cuocere per ca.

15 minuti fino a cottura del pesce, girandolo una o due volte durante la cottura.

Branzino Cotto

Serve 4

1 branzino grande o pesce simile
2,25 l/4 punti/10 tazze di acqua
3 fette di radice di zenzero, tritata
15 ml/1 cucchiaio di sale
15 ml/1 cucchiaio di vino di riso o sherry secco
30 ml/2 cucchiai di olio di arachidi (arachidi)

Pulite e squamate il pesce e incidete più volte entrambi i lati in diagonale. Portare a ebollizione l'acqua in una pentola capiente e aggiungere gli ingredienti rimanenti. Immergete il pesce nell'acqua, coprite bene, spegnete il fuoco e lasciate riposare per 30 minuti fino a quando il pesce sarà cotto.

Pesce Al Forno Con Funghi

Serve 4

4 funghi cinesi secchi
1 grande carpa o pesce simile
sale
45 ml/3 cucchiai di olio di arachidi (arachidi).
2 erba cipollina (erba cipollina), tritata
1 fetta di radice di zenzero, tritata
3 spicchi d'aglio, schiacciati
100 g/4 oz di germogli di bambù, tagliati a strisce
250 ml/8 fl oz/1 tazza di brodo di pesce
30 ml/2 cucchiai di salsa di soia
15 ml/1 cucchiaio di vino di riso o sherry secco
2,5 ml/¬Ω cucchiaino di zucchero

Immergere i funghi in acqua tiepida per 30 minuti e scolarli. Eliminare i gambi e tagliare le sommità. Incidere il pesce in diagonale alcune volte su entrambi i lati, cospargerlo di sale e lasciarlo riposare per 10 minuti. Scaldare l'olio e friggere il pesce fino a quando sarà leggermente dorato su entrambi i lati. Aggiungere le cipolline, lo zenzero e l'aglio e friggere per 2 minuti. Aggiungere gli altri ingredienti, portare a ebollizione e coprire

e cuocere per 15 minuti fino a quando il pesce sarà cotto, girando una o due volte e mescolando di tanto in tanto.

Pesce in agrodolce

Serve 4

1 branzino grande o pesce simile

1 uovo sbattuto

50 g farina di mais (amido di mais)

olio per friggere

Per la salsa:

15 ml/1 cucchiaio di olio di arachidi

1 peperone verde, tagliato a strisce

100 g di pezzi di ananas sciroppato

1 cipolla, tagliata a spicchi

100 g/4 oz/¬Ω tazza di zucchero di canna

60 ml/4 cucchiai di brodo di pollo

60 ml/4 cucchiai di aceto di vino

15 ml/1 cucchiaio di passata di pomodoro (pasta)

15 ml/1 cucchiaio di farina di mais (amido di mais)

15 ml/1 cucchiaio di salsa di soia

3 erba cipollina (erba cipollina), tritata

Pulite il pesce ed eliminate, se preferite, le pinne e la testa. Passatelo nell'uovo sbattuto e poi nella farina di mais. Scaldare l'olio e friggere il pesce fino a doratura. Scolare bene e tenere al caldo.

Per preparare la salsa, scaldare l'olio d'oliva e soffriggere il peperone, l'ananas sgocciolato e la cipolla per 4 minuti. Aggiungere 30 ml/2 cucchiai di sciroppo d'ananas, lo zucchero, il brodo, l'aceto di vino, la passata di pomodoro, la farina di mais e la salsa di soia e portare ad ebollizione mescolando. Cuocere, mescolando, finché la salsa non si schiarisce e si addensa. Versare sul pesce e servire cosparso di erba cipollina.

Pesce ripieno di maiale

Serve 4

1 grande carpa o pesce simile

sale

100 g/4 oz carne di maiale macinata (macinata)

1 erba cipollina (erba cipollina), tritata

4 fette di radice di zenzero, tritata

15 ml/1 cucchiaio di farina di mais (amido di mais)

60 ml/4 cucchiai di salsa di soia

15 ml/1 cucchiaio di vino di riso o sherry secco

5 ml/1 cucchiaino di zucchero

75 ml/5 cucchiai di olio di arachidi (arachidi).

2 spicchi d'aglio, schiacciati

1 cipolla, affettata

300 ml/¬Ω pt/1¬esimo bicchiere d'acqua

Pulite e sbucciate il pesce e cospargetelo di sale. Mescolare la carne di maiale, l'erba cipollina, un po' di zenzero, la farina di mais, 15 ml/1 cucchiaino. di salsa di soia, vino o sherry e zucchero e utilizzare per riempire il pesce. Scaldare l'olio e friggere il pesce fino a doratura su entrambi i lati, toglierlo dalla padella e scolare la maggior parte dell'olio. Aggiungere l'aglio e lo zenzero rimanenti e friggere fino a doratura leggera.

Aggiungere la restante salsa di soia e l'acqua, portare ad ebollizione e cuocere per 2 minuti. Rimettere il pesce nella padella, coprire e cuocere per circa 30 minuti fino a quando il pesce sarà cotto, girando una o due volte.

Carpa Arrosto Condita

Serve 4

1 grande carpa o pesce simile
150 ml/¬° pt/una tazza generosa di olio di arachidi
15 ml/1 cucchiaio di zucchero
2 spicchi d'aglio, tritati finemente
100 g/4 oz di germogli di bambù, affettati
150 ml/¬° pt/una generosa tazza di brodo di pesce
15 ml/1 cucchiaio di vino di riso o sherry secco
15 ml/1 cucchiaio di salsa di soia
2 erba cipollina (erba cipollina), tritata
1 fetta di radice di zenzero, tritata
15 ml/1 cucchiaio di aceto di vino sale

Pulite e squamate il pesce e mettetelo a bagno per diverse ore in acqua fredda. Scolare e asciugare, quindi incidere più volte ciascun lato. Scaldare l'olio e friggere il pesce su entrambi i lati finché non diventa sodo. Togliere dalla padella, versare e mettere da parte tutto tranne 30 ml/2 cucchiai di olio. Aggiungi lo zucchero nella padella e mescola fino a quando diventa scuro. Aggiungere l'aglio e i germogli di bambù e mescolare bene. Aggiungete il resto degli ingredienti, portate a ebollizione, rimettete il pesce nella padella, coprite e fate cuocere dolcemente per circa 15 minuti, finché il pesce sarà cotto.

Disporre il pesce su un piatto caldo e versarvi sopra la salsa.

Gamberi con salsa al litchi

Serve 4

Tazza liscia da 50 g/2 oz/¬Ω (per tutti gli usi)
Farina di frumento
2,5 ml/¬Ω cucchiaino di sale
1 uovo, leggermente sbattuto
30 ml/2 cucchiai di acqua
450 g di gamberi sgusciati
olio per friggere
30 ml/2 cucchiai di olio di arachidi (arachidi)
2 fette di radice di zenzero, tritate
30 ml/2 cucchiai di aceto di vino
5 ml/1 cucchiaino di zucchero
2,5 ml/¬Ω cucchiaino di sale
15 ml/1 cucchiaio di salsa di soia
200 g/7 oz di litchi in scatola, sgocciolati

Sbattere la farina, il sale, l'uovo e l'acqua fino ad ottenere un impasto, aggiungendo un po' più di acqua se necessario. Mescolare con i gamberi finché non saranno ben ricoperti. Scaldare l'olio e friggere i gamberi per qualche minuto finché non saranno croccanti e dorati. Scolatele su carta da cucina e disponetele su un piatto da portata caldo. Nel frattempo scaldate l'olio e fate soffriggere lo zenzero per 1 minuto. Aggiungere aceto di vino, zucchero, sale e salsa di soia. Aggiungere i litchi e mescolare fino a quando saranno caldi e ricoperti di salsa. Versare sui gamberetti e servire subito.

Gamberi fritti al mandarino

Serve 4

60 ml/4 cucchiai di olio di arachidi (arachidi).
1 spicchio d'aglio, schiacciato
1 fetta di radice di zenzero, tritata
450 g di gamberi sgusciati
30 ml/2 cucchiai di vino di riso o sherry secco 30 ml/2 cucchiai di salsa di soia
15 ml/1 cucchiaio di farina di mais (amido di mais)
45 ml/3 cucchiai di acqua

Scaldare l'olio e soffriggere l'aglio e lo zenzero fino a quando saranno leggermente dorati. Aggiungere i gamberetti e farli rosolare per 1 minuto. Aggiungere il vino o lo sherry e mescolare bene. Aggiungere la salsa di soia, la farina di mais e l'acqua e far rosolare per 2 minuti.

Gamberetti con taccole

Serve 4

5 funghi cinesi secchi
225 g/8 once di germogli di soia
60 ml/4 cucchiai di olio di arachidi (arachidi).
5 ml/1 cucchiaino di sale
2 gambi di sedano, tritati
4 scalogni (erba cipollina), tritati
2 spicchi d'aglio, schiacciati
2 fette di radice di zenzero, tritate
60 ml/4 cucchiai di acqua
15 ml/1 cucchiaio di salsa di soia
15 ml/1 cucchiaio di vino di riso o sherry secco
225 g/8 once di taccole (piselli)
225 g di gamberi sgusciati
15 ml/1 cucchiaio di farina di mais (amido di mais)

Immergere i funghi in acqua tiepida per 30 minuti e scolarli. Eliminare i gambi e tagliare le sommità. Scottare i germogli di soia in acqua bollente per 5 minuti e scolarli bene. Scaldate metà dell'olio e fate soffriggere per 1 minuto il sale, il sedano, i cipollotti e i germogli di soia, quindi toglieteli dalla padella. Scaldare l'olio rimanente e soffriggere l'aglio e lo zenzero fino a doratura. Aggiungere metà dell'acqua, la salsa di soia, il vino o lo sherry, le taccole e i gamberi, portare a ebollizione e cuocere per 3 minuti. Mescolare la maizena e l'acqua rimanente fino a formare una pasta, unirla nella padella e cuocere, mescolando, finché la salsa non si sarà addensata. Riportare le verdure nella padella, cuocere fino a quando saranno ben cotte. Servire subito.

Gamberetti con funghi cinesi

Serve 4

8 funghi cinesi secchi
45 ml/3 cucchiai di olio di arachidi (arachidi).
3 fette di radice di zenzero, tritata
450 g di gamberi sgusciati
15 ml/1 cucchiaio di salsa di soia

5 ml/1 cucchiaino di sale
60 ml/4 cucchiai di brodo di pesce

Immergere i funghi in acqua tiepida per 30 minuti e scolarli. Eliminare i gambi e tagliare le sommità. Scaldare metà dell'olio e friggere lo zenzero finché non diventa leggermente dorato. Aggiungete i gamberi, la salsa di soia, il sale e fateli rosolare finché saranno ricoperti d'olio e toglieteli dalla padella. Scaldare l'olio rimanente e friggere i funghi fino a coprirli d'olio. Aggiungere il brodo, portare ad ebollizione, coprire e cuocere per 3 minuti. Riporta i gamberi nella padella e mescola fino a quando non saranno completamente riscaldati.

Sauté di gamberi e piselli

Serve 4

450 g di gamberi sgusciati
5 ml/1 cucchiaino di olio di sesamo
5 ml/1 cucchiaino di sale
30 ml/2 cucchiai di olio di arachidi (arachidi)
1 spicchio d'aglio, schiacciato
1 fetta di radice di zenzero, tritata

225 g/8 once di piselli sbollentati o surgelati, scongelati
4 scalogni (erba cipollina), tritati
30 ml/2 cucchiai di acqua
sale e pepe

Mescolare i gamberi con l'olio di sesamo e il sale. Scaldare l'olio d'oliva e rosolare l'aglio e lo zenzero per 1 minuto. Aggiungete i gamberetti e fateli rosolare per 2 minuti. Aggiungete i piselli e fateli rosolare per 1 minuto. Aggiungere i cipollotti e l'acqua e condire con sale, pepe e un po' più di olio di sesamo, se lo si desidera. Scaldare, mescolando con cura, prima di servire.

Gamberetti con chutney di mango

Serve 4

12 gamberoni
sale e pepe
1 succo di limone
30 ml/2 cucchiai di farina di mais (amido di mais)
1 manica
5 ml/1 cucchiaino di senape in polvere
5 ml/1 cucchiaino di miele

30 ml/2 cucchiai di crema di cocco
30 ml/2 cucchiai di curry delicato
120 ml/4 fl oz/¬Ω tazza di brodo di pollo
45 ml/3 cucchiai di olio di arachidi (arachidi).
2 spicchi d'aglio, tritati
2 erba cipollina (erba cipollina), tritata
1 bulbo di finocchio, tritato
100 g di chutney di mango

Sgusciare i gamberi, lasciando intatte le code. Cospargere con sale, pepe e succo di limone e ricoprire con metà della farina di mais. Sbucciare il mango, tagliare la polpa dal nocciolo e tritare la polpa. Mescolare la senape, il miele, la crema di cocco, il curry in polvere, la farina di mais rimanente e il brodo. Scaldare metà dell'olio d'oliva e soffriggere l'aglio, l'erba cipollina e il finocchio per 2 minuti. Aggiungere la miscela di brodo, portare a ebollizione e cuocere per 1 minuto. Aggiungere i cubetti di mango e il chutney e scaldare delicatamente, quindi trasferire su un piatto da portata caldo. Scaldare l'olio rimasto e friggere i gamberi per 2 minuti. Disponeteli sopra le verdure e servite subito.

Gnocchi di gamberi fritti con salsa di cipolle

Serve 4

3 uova leggermente sbattute

45 ml/3 cucchiai di farina semplice (per tutti gli usi)

sale e pepe macinato fresco

450 g di gamberi sgusciati

olio per friggere

15 ml/1 cucchiaio di olio di arachidi

2 cipolle, tritate

15 ml/1 cucchiaio di farina di mais (amido di mais)

30 ml/2 cucchiai di salsa di soia

175 ml/6 fl oz/¬œ tazza d'acqua

Mescolare uova, farina, sale e pepe. Buttare i gamberetti nella pastella. Scaldare l'olio e friggere i gamberi fino a doratura. Nel frattempo scaldate l'olio e fate soffriggere la cipolla per 1 minuto. Frullare gli ingredienti rimanenti fino a formare una pasta, aggiungere le cipolle e cuocere, mescolando, finché la salsa non si sarà addensata. Scolate i gamberi e disponeteli su un piatto da portata caldo. Versare sopra la salsa e servire subito.

Gamberetti al mandarino con piselli

Serve 4

60 ml/4 cucchiai di olio di arachidi (arachidi).
1 spicchio d'aglio, tritato
1 fetta di radice di zenzero, tritata
450 g di gamberi sgusciati
30 ml/2 cucchiai di vino di riso o sherry secco
225 g di piselli surgelati, scongelati
30 ml/2 cucchiai di salsa di soia
15 ml/1 cucchiaio di farina di mais (amido di mais)
45 ml/3 cucchiai di acqua

Scaldare l'olio e soffriggere l'aglio e lo zenzero fino a quando saranno leggermente dorati. Aggiungere i gamberetti e farli rosolare per 1 minuto. Aggiungere il vino o lo sherry e mescolare bene. Aggiungete i piselli e fateli rosolare per 5 minuti. Aggiungete gli altri ingredienti e fate rosolare per 2 minuti.

Gamberetti alla Pechino

Serve 4

30 ml/2 cucchiai di olio di arachidi (arachidi)
2 spicchi d'aglio, schiacciati
1 fetta di radice di zenzero, tritata finemente
225 g di gamberi sgusciati
4 scalogni (erba cipollina), affettati spessi
120 ml/4 fl oz/¬Ω tazza di brodo di pollo
5 ml/1 cucchiaino di zucchero di canna
5 ml/1 cucchiaino di salsa di soia
5 ml/1 cucchiaino di salsa hoisin
5 ml/1 cucchiaino di salsa Tabasco

Scaldate l'olio con l'aglio e lo zenzero e fate soffriggere fino a quando l'aglio sarà leggermente dorato. Aggiungere i gamberetti e farli rosolare per 1 minuto. Aggiungere l'erba cipollina e far rosolare per 1 minuto. Aggiungere gli altri ingredienti, portare a ebollizione, coprire e cuocere per 4 minuti, mescolando di tanto in tanto. Controllate il condimento e se preferite aggiungete ancora un po' di salsa Tabasco.

Gamberetti con peperoni

Serve 4

30 ml/2 cucchiai di olio di arachidi (arachidi)
1 peperone verde, tagliato a pezzi
450 g di gamberi sgusciati
10 ml/2 cucchiaini di farina di mais (amido di mais)
60 ml/4 cucchiai di acqua
5 ml/1 cucchiaino di vino di riso o sherry secco
2,5 ml/¬Ω cucchiaino di sale
45 ml/2 cucchiai di passata di pomodoro (pasta)

Scaldare l'olio e far rosolare il peperone per 2 minuti. Aggiungete i gamberi e la passata di pomodoro e mescolate bene. Mescolare l'acqua di farina di mais, il vino o lo sherry e il sale fino a formare una pasta, aggiungere nella padella e cuocere, mescolando, finché la salsa non sarà chiara e addensata.

Gamberetti saltati con carne di maiale

Serve 4

225 g di gamberi sgusciati
100 g/4 oz di carne di maiale magra, tritata
60 ml/4 cucchiai di vino di riso o sherry secco
1 albume d'uovo

45 ml/3 cucchiai di farina di mais (amido di mais)
5 ml/1 cucchiaino di sale
15 ml/1 cucchiaio di acqua (facoltativo)
90 ml/6 cucchiai di olio di arachidi
45 ml/3 cucchiai di brodo di pesce
5 ml/1 cucchiaino di olio di sesamo

Metti i gamberetti e il maiale in ciotole separate. Mescolare 45 ml/3 cucchiai di vino o sherry, l'albume, 30 ml/2 cucchiai di maizena e sale fino ad ottenere un impasto morbido, aggiungendo acqua se necessario. Dividere il composto tra il maiale e i gamberi e mescolare bene per ricoprirli uniformemente. Scaldare l'olio e friggere la carne di maiale e i gamberi per qualche minuto fino a doratura. Togliere dalla padella e versare tutto tranne 15 ml/1 cucchiaio di olio. Aggiungi il brodo nella padella con il vino rimanente o lo sherry e la farina di mais. Portare a ebollizione e cuocere, mescolando, finché la salsa non si sarà addensata. Versare sopra i gamberi e il maiale e servire cosparso di olio di sesamo.

Gamberi fritti con salsa allo sherry

Serve 4

50 g/2 oz/¬Ω tazza di farina semplice (per tutti gli usi)

2,5 ml/¬Ω cucchiaino di sale

1 uovo, leggermente sbattuto

30 ml/2 cucchiai di acqua

450 g di gamberi sgusciati

olio per friggere

15 ml/1 cucchiaio di olio di arachidi

1 cipolla, tritata finemente

45 ml/3 cucchiai di vino di riso o sherry secco

15 ml/1 cucchiaio di salsa di soia

120 ml/4 fl oz/¬Ω tazza di brodo di pesce

10 ml/2 cucchiaini di farina di mais (amido di mais)

30 ml/2 cucchiai di acqua

Sbattere la farina, il sale, l'uovo e l'acqua fino ad ottenere un impasto, aggiungendo un po' più di acqua se necessario. Mescolare con i gamberi finché non saranno ben ricoperti. Scaldare l'olio e friggere i gamberi per qualche minuto finché non saranno croccanti e dorati. Scolatele su carta da cucina e disponetele su un piatto caldo. Nel frattempo scaldate l'olio e fate soffriggere la cipolla finché non sarà appassita. Aggiungere il vino o lo sherry, la salsa di soia e il brodo, portare a ebollizione e cuocere per 4 minuti. Mescolare la maizena e l'acqua fino a formare una pasta, unirla nella padella e cuocere, mescolando, finché la salsa non sarà chiara e addensata. Versare la salsa sui gamberi e servire.

Gamberi fritti al sesamo

Serve 4

450 g di gamberi sgusciati
¬Ω albume d'uovo
5 ml/1 cucchiaino di salsa di soia
5 ml/1 cucchiaino di olio di sesamo
50 g/2 oz/¬Ω tazza di farina di mais (amido di mais)
sale e pepe bianco appena macinato
olio per friggere
60 ml/4 cucchiai di semi di sesamo
foglie di lattuga

Mescolare i gamberi con l'albume, la salsa di soia, l'olio di sesamo, la farina di mais, sale e pepe. Aggiungere un po' d'acqua se il composto risultasse troppo denso. Scaldare l'olio e friggere i gamberi per qualche minuto finché non saranno leggermente dorati. Nel frattempo, tostare brevemente i semi di sesamo in una padella asciutta finché non saranno dorati. Scolate i gamberi e mescolateli con i semi di sesamo. Servire su un letto di lattuga.

Gamberetti saltati nel guscio

Serve 4

60 ml/4 cucchiai di olio di arachidi (arachidi).
750 g/1¬Ω lb di gamberi sgusciati
3 erba cipollina (erba cipollina), tritata
3 fette di radice di zenzero, tritata
2,5 ml/¬Ω cucchiaino di sale
15 ml/1 cucchiaio di vino di riso o sherry secco
120 ml/4 fl oz/¬Ω tazza di ketchup di pomodoro (catsup)
15 ml/1 cucchiaio di salsa di soia
15 ml/1 cucchiaio di zucchero
15 ml/1 cucchiaio di farina di mais (amido di mais)
60 ml/4 cucchiai di acqua

Scaldare l'olio e friggere i gamberi per 1 minuto se sono cotti o finché diventano rosa se sono crudi. Aggiungere le cipolline, lo zenzero, il sale e il vino o lo sherry e friggere per 1 minuto. Aggiungere il ketchup, la salsa di soia e lo zucchero e far rosolare per 1 minuto. Mescolare la maizena e l'acqua, unirle nella padella e cuocere, mescolando, fino a quando la salsa si schiarirà e si sarà addensata.

Gamberi Fritti

Serve 4

75 g/3 oz/ ¬° tazza colma di farina di mais (amido di mais)
1 albume d'uovo
5 ml/1 cucchiaino di vino di riso o sherry secco
sale
350 g/12 once di gamberi sgusciati
olio per friggere

Sbattere la maizena, gli albumi, il vino o lo sherry e un pizzico di sale fino a ottenere una pastella densa. Immergere i gamberi nella pastella fino a quando saranno ben ricoperti. Scaldate l'olio fino a quando sarà moderatamente caldo e friggete i gamberi per qualche minuto finché saranno dorati. Togliere dall'olio, riscaldare fino a quando sarà caldo e friggere nuovamente i gamberi finché non saranno croccanti e dorati.

Tempura di gamberi

Serve 4

450 g di gamberi sgusciati
30 ml/2 cucchiai di farina semplice (per tutti gli usi)
30 ml/2 cucchiai di farina di mais (amido di mais)
30 ml/2 cucchiai di acqua
2 uova, sbattute
olio per friggere

Tagliare i gamberi a metà lungo la curva interna e aprirli per formare una farfalla. Mescolare la farina, l'amido di mais e l'acqua fino a formare un impasto e aggiungere le uova. Scaldare l'olio e friggere i gamberi fino a doratura.

Sottogomma

Serve 4

30 ml/2 cucchiai di olio di arachidi (arachidi)
2 erba cipollina (erba cipollina), tritata

1 spicchio d'aglio, schiacciato

1 fetta di radice di zenzero, tritata

100 g di petto di pollo, tagliato a listarelle

100 g di prosciutto, tagliato a listarelle

100 g/4 oz di germogli di bambù, tagliati a strisce

100 g di castagne d'acqua, tagliate a listarelle

225 g di gamberi sgusciati

30 ml/2 cucchiai di salsa di soia

30 ml/2 cucchiai di vino di riso o sherry secco

5 ml/1 cucchiaino di sale

5 ml/1 cucchiaino di zucchero

5 ml/1 cucchiaino di farina di mais (amido di mais)

Scaldare l'olio e soffriggere la cipolla, l'aglio e lo zenzero fino a quando saranno leggermente dorati. Aggiungere il pollo e rosolare per 1 minuto. Aggiungere il prosciutto, i germogli di bambù e le castagne d'acqua e far rosolare per 3 minuti. Aggiungere i gamberetti e farli rosolare per 1 minuto. Aggiungere la salsa di soia, il vino o lo sherry, il sale e lo zucchero e far rosolare per 2 minuti. Mescolare la maizena con un po' d'acqua, aggiungerla nella padella e cuocere, mescolando, per 2 minuti.

Gamberetti con tofu

Serve 4

45 ml/3 cucchiai di olio di arachidi (arachidi).
225 g/8 once di tofu, a cubetti
1 erba cipollina (erba cipollina), tritata
1 spicchio d'aglio, schiacciato
15 ml/1 cucchiaio di salsa di soia
5 ml/1 cucchiaino di zucchero
90 ml/6 cucchiai di brodo di pesce
225 g di gamberi sgusciati
15 ml/1 cucchiaio di farina di mais (amido di mais)
45 ml/3 cucchiai di acqua

Scaldare metà dell'olio e friggere il tofu finché non sarà leggermente dorato, quindi toglierlo dalla padella. Scaldare l'olio d'oliva rimanente e rosolare la cipolla e l'aglio fino a quando saranno leggermente dorati. Aggiungere la salsa di soia, lo zucchero e il brodo e portare a ebollizione. Aggiungere i gamberetti e mescolare a fuoco basso per 3 minuti. Mescolare la maizena e l'acqua fino a formare una pasta, unirla nella padella e cuocere, mescolando, finché la salsa non si sarà addensata.

Riporta il tofu nella padella e cuocilo lentamente finché non sarà completamente riscaldato.

Gamberetti al pomodoro

Serve 4

2 albumi
30 ml/2 cucchiai di farina di mais (amido di mais)
5 ml/1 cucchiaino di sale
450 g di gamberi sgusciati
olio per friggere
30 ml/2 cucchiai di vino di riso o sherry secco
225 g/8 once di pomodori, privati della pelle, dei semi e tagliati a pezzetti

Mescolare gli albumi, la farina di mais e il sale. Aggiungere i gamberi finché non saranno ben ricoperti. Scaldare l'olio e friggere i gamberi fino a cottura. Versare tutto tranne 15 ml/1 cucchiaio di olio e riscaldare. Aggiungere il vino o lo sherry e i pomodori e portare a ebollizione. Aggiungere i gamberi e scaldarli velocemente prima di servire.

Gamberetti con salsa di pomodoro

Serve 4

30 ml/2 cucchiai di olio di arachidi (arachidi)
1 spicchio d'aglio, schiacciato
2 fette di radice di zenzero, tritate
2,5 ml/¬Ω cucchiaino di sale
15 ml/1 cucchiaio di vino di riso o sherry secco
15 ml/1 cucchiaio di salsa di soia
6 ml/4 cucchiai di ketchup di pomodoro (catsup)
120 ml/4 fl oz/¬Ω tazza di brodo di pesce
350 g/12 once di gamberi sgusciati
10 ml/2 cucchiaini di farina di mais (amido di mais)
30 ml/2 cucchiai di acqua

Scaldare l'olio d'oliva e rosolare l'aglio, lo zenzero e il sale per 2 minuti. Aggiungere il vino o lo sherry, la salsa di soia, il ketchup e il brodo e portare a ebollizione. Aggiungere i gamberi, coprire e cuocere per 2 minuti. Mescolare la maizena e l'acqua fino a formare una pasta, unirla nella padella e cuocere, mescolando, finché la salsa non sarà chiara e addensata.

Gamberetti con salsa di pomodoro e peperoni

Serve 4

60 ml/4 cucchiai di olio di arachidi (arachidi).
15 ml/1 cucchiaio di zenzero tritato
15 ml/1 cucchiaio di aglio tritato
15 ml/1 cucchiaio di erba cipollina tritata
60 ml/4 cucchiai di passata di pomodoro (concentrata)
15 ml/1 cucchiaio di salsa di peperoncino
450 g di gamberi sgusciati
15 ml/1 cucchiaio di farina di mais (amido di mais)
15 ml/1 cucchiaio di acqua

Scaldare l'olio d'oliva e rosolare lo zenzero, l'aglio e l'erba cipollina per 1 minuto. Aggiungete la passata di pomodoro e la salsa di peperoni e mescolate bene. Aggiungete i gamberetti e fateli rosolare per 2 minuti. Mescolare la maizena e l'acqua fino a formare una pasta, unirla nella padella e cuocere finché la salsa non si sarà addensata. Servire subito.

Gamberi Fritti Con Salsa Di Pomodoro

Serve 4

50 g/2 oz/¬Ω tazza di farina semplice (per tutti gli usi)
2,5 ml/¬Ω cucchiaino di sale
1 uovo, leggermente sbattuto
30 ml/2 cucchiai di acqua
450 g di gamberi sgusciati
olio per friggere
30 ml/2 cucchiai di olio di arachidi (arachidi)
1 cipolla, tritata finemente
2 fette di radice di zenzero, tritate
75 ml/5 cucchiai di ketchup di pomodoro (catsup)
10 ml/2 cucchiaini di farina di mais (amido di mais)
30 ml/2 cucchiai di acqua

Sbattere la farina, il sale, l'uovo e l'acqua fino ad ottenere un impasto, aggiungendo un po' più di acqua se necessario. Mescolare con i gamberi finché non saranno ben ricoperti. Scaldare l'olio e friggere i gamberi per qualche minuto finché non saranno croccanti e dorati. Scolare su carta da cucina.

Nel frattempo, scaldare l'olio e friggere la cipolla e lo zenzero fino a renderli morbidi. Aggiungere il ketchup di pomodoro e cuocere per 3 minuti. Mescolare la maizena e l'acqua fino a formare una pasta, unirla nella padella e cuocere, mescolando, finché la salsa non si sarà addensata. Aggiungere i gamberi nella padella e cuocere fino a quando saranno ben cotti. Servire subito.

Gamberetti Con Verdure

Serve 4

15 ml/1 cucchiaio di olio di arachidi

225 g di cimette di broccoli

225 g di funghi champignon

225 g/8 once di germogli di bambù, affettati

450 g di gamberi sgusciati

120 ml/4 fl oz/½ tazza di brodo di pollo

5 ml/1 cucchiaino di farina di mais (amido di mais)

5 ml/1 cucchiaino di salsa di ostriche

2,5 ml/½ cucchiaino di zucchero

2,5 ml/½ cucchiaino di radice di zenzero grattugiata

pizzico di pepe appena macinato

Scaldare l'olio e far rosolare i broccoli per 1 minuto. Aggiungere i funghi e i germogli di bambù e far rosolare per 2 minuti. Aggiungete i gamberetti e fateli rosolare per 2 minuti. Unisci gli ingredienti rimanenti e aggiungili al composto di gamberetti. Portare a ebollizione, mescolando, quindi cuocere per 1 minuto, mescolando continuamente.

Gamberi con castagne d'acqua

Serve 4

60 ml/4 cucchiai di olio di arachidi (arachidi).
1 spicchio d'aglio, tritato
1 fetta di radice di zenzero, tritata
450 g di gamberi sgusciati
30 ml/2 cucchiai di vino di riso o sherry secco 225 g/8 oz di castagne d'acqua, a fette
30 ml/2 cucchiai di salsa di soia
15 ml/1 cucchiaio di farina di mais (amido di mais)
45 ml/3 cucchiai di acqua

Scaldare l'olio e soffriggere l'aglio e lo zenzero fino a quando saranno leggermente dorati. Aggiungere i gamberetti e farli rosolare per 1 minuto. Aggiungere il vino o lo sherry e mescolare bene. Aggiungete le castagne d'acqua e fatele rosolare per 5 minuti. Aggiungete gli altri ingredienti e fate rosolare per 2 minuti.

Wonton di gamberetti

Serve 4

450 g/1 libbra di gamberi sgusciati, tritati

225 g/8 oz verdure miste, tritate

15 ml/1 cucchiaio di salsa di soia

2,5 ml/¬Ω cucchiaino di sale

qualche goccia di olio di sesamo

40 pelli di wonton

olio per friggere

Mescolare i gamberetti, le verdure, la salsa di soia, il sale e l'olio di sesamo.

Per piegare i wonton, tieni la pelle nel palmo della mano sinistra e metti un po' di ripieno al centro. Inumidire i bordi con l'uovo e piegare la pelle a triangolo, sigillando i bordi. Inumidisci gli angoli con l'uovo e attorcigliali insieme.

Scaldate l'olio e friggete i wonton pochi alla volta fino a doratura. Scolare bene prima di servire.

Abalone con pollo

Serve 4

Abalone in scatola da 400 g/14 once
30 ml/2 cucchiai di olio di arachidi (arachidi)
100 g/4 once di petto di pollo, a cubetti
100 g/4 oz di germogli di bambù, affettati
250 ml/8 fl oz/1 tazza di brodo di pesce
15 ml/1 cucchiaio di vino di riso o sherry secco
5 ml/1 cucchiaino di zucchero
2,5 ml/¬Ω cucchiaino di sale
15 ml/1 cucchiaio di farina di mais (amido di mais)

45 ml/3 cucchiai di acqua

Scolare e affettare l'abalone, conservando il succo. Scaldare l'olio e friggere il pollo finché non sarà leggermente dorato. Aggiungere l'abalone e i germogli di bambù e far rosolare per 1 minuto. Aggiungere il liquido dell'abalone, il brodo, il vino o lo sherry, lo zucchero e il sale, portare a ebollizione e cuocere per 2 minuti. Mescolare la maizena e l'acqua fino a formare una pasta e cuocere, mescolando, finché la salsa non sarà chiara e addensata. Servire subito.

Abalone con asparagi

Serve 4

10 funghi cinesi secchi
30 ml/2 cucchiai di olio di arachidi (arachidi)
15 ml/1 cucchiaio di acqua
225 g/8 once di asparagi
2,5 ml/¬Ω cucchiaino di salsa di pesce
15 ml/1 cucchiaio di farina di mais (amido di mais)

225 g/8 oz di abalone in scatola, affettato
60 ml/4 cucchiai di brodo
¬Ω carota piccola, affettata
5 ml/1 cucchiaino di salsa di soia
5 ml/1 cucchiaino di salsa di ostriche
5 ml/1 cucchiaino di vino di riso o sherry secco

Immergere i funghi in acqua tiepida per 30 minuti e scolarli. Scartare i gambi. Scaldare 15 ml/1 cucchiaio di olio con acqua e friggere le cappelle dei funghi per 10 minuti. Nel frattempo cuocere gli asparagi in acqua bollente con salsa di pesce e 5 ml/1 cucchiaino di maizena finché saranno teneri. Scolatele bene e disponetele su un piatto da portata caldo insieme ai funghi. Tienili al caldo. Scaldare l'olio rimanente e friggere l'abalone per qualche secondo, quindi aggiungere il brodo, le carote, la salsa di soia, la salsa di ostriche, il vino o lo sherry e la restante farina di mais. Cuocere per circa 5 minuti fino a cottura ultimata, quindi versare sopra gli asparagi e servire.

Abalone con funghi

Serve 4

6 funghi cinesi secchi
Abalone in scatola da 400 g/14 once
45 ml/3 cucchiai di olio di arachidi (arachidi).
2,5 ml/¬Ω cucchiaino di sale
15 ml/1 cucchiaio di vino di riso o sherry secco
3 scalogni (erba cipollina), tagliati a fette spesse

Immergere i funghi in acqua tiepida per 30 minuti e scolarli. Eliminare i gambi e tagliare le sommità. Scolare e affettare l'abalone, conservando il succo. Scaldare l'olio d'oliva e rosolare il sale e i funghi per 2 minuti. Aggiungere l'abalone liquido e lo sherry, portare a ebollizione, coprire e cuocere per 3 minuti. Aggiungere l'abalone e gli scalogni e cuocere fino a quando saranno completamente riscaldati. Servire subito.

Abalone con salsa di ostriche

Serve 4

Abalone in scatola da 400 g/14 once
15 ml/1 cucchiaio di farina di mais (amido di mais)
15 ml/1 cucchiaio di salsa di soia
45 ml/3 cucchiai di salsa di ostriche
30 ml/2 cucchiai di olio di arachidi (arachidi)
50 g/2 once di prosciutto affumicato, tritato

Scolare la lattina di abalone e mettere da parte 90 ml/6 cucchiai di liquido. Mescolarlo con la farina di mais, la salsa di soia e la salsa di ostriche. Scaldare l'olio e friggere l'abalone sgocciolato per 1 minuto. Aggiungere il composto di salsa e cuocere, mescolando, per circa 1 minuto fino a quando non sarà completamente riscaldato. Trasferire su un piatto riscaldato e servire guarnito con prosciutto.

Vongole Al Vapore

Serve 4

24 vongole

Pulite bene le vongole e mettetele a bagno in acqua salata per qualche ora. Lavateli sotto l'acqua corrente e disponeteli in una pirofila bassa. Disporre su una griglia nella vaporiera, coprire e cuocere a vapore in acqua bollente per circa 10 minuti finché tutte le vongole non si saranno aperte. Scartare quelli che rimangono chiusi. Servire con salse.

Vongole con germogli di soia

Serve 4

24 vongole
15 ml/1 cucchiaio di olio di arachidi
150 g di germogli di soia
1 peperone verde, tagliato a strisce
2 erba cipollina (erba cipollina), tritata
15 ml/1 cucchiaio di vino di riso o sherry secco
sale e pepe macinato fresco
2,5 ml/¬Ω cucchiaino di olio di sesamo
50 g/2 once di prosciutto affumicato, tritato

Pulite bene le vongole e mettetele a bagno in acqua salata per qualche ora. Sciacquare sotto l'acqua corrente. Portare a bollore una pentola d'acqua, aggiungere le vongole e farle cuocere per qualche minuto finché non si saranno aperte. Scolare ed eliminare quelli rimasti chiusi. Togliere le vongole dai gusci.

Scaldare l'olio e friggere i germogli di soia per 1 minuto. Aggiungere il pepe e l'erba cipollina e far rosolare per 2 minuti. Aggiungere il vino o lo sherry e condire con sale e pepe. Riscaldare, quindi aggiungere le vongole e mescolare finché non saranno ben amalgamate e riscaldate. Trasferire su un piatto caldo e servire cosparso di olio di sesamo e prosciutto.

Vongole con Zenzero e Aglio

Serve 4

24 vongole

15 ml/1 cucchiaio di olio di arachidi

2 fette di radice di zenzero, tritate

2 spicchi d'aglio, schiacciati

15 ml/1 cucchiaio di acqua

5 ml/1 cucchiaino di olio di sesamo

sale e pepe macinato fresco

Pulite bene le vongole e mettetele a bagno in acqua salata per qualche ora. Sciacquare sotto l'acqua corrente. Scaldare l'olio e soffriggere lo zenzero e l'aglio per 30 secondi. Aggiungete le vongole, l'acqua e l'olio di sesamo, coprite e fate cuocere per circa 5 minuti finché le vongole non si saranno aperte. Scartare quelli che rimangono chiusi. Condire leggermente con sale e pepe e servire immediatamente.

Vongole Fritte

Serve 4

24 vongole
60 ml/4 cucchiai di olio di arachidi (arachidi).
4 spicchi d'aglio, tritati
1 cipolla, tritata finemente
2,5 ml/¬Ω cucchiaino di sale

Pulite bene le vongole e mettetele a bagno in acqua salata per qualche ora. Sciacquare sotto l'acqua corrente e poi asciugare. Scaldare l'olio d'oliva e rosolare l'aglio, la cipolla e il sale fino a doratura. Aggiungete le vongole, coprite e fate cuocere a fuoco basso per circa 5 minuti finché tutti i gusci non saranno aperti.

Scartare quelli che rimangono chiusi. Friggere dolcemente per un altro 1 minuto, ungendo con olio.

Torte di granchio

Serve 4

225 g/8 once di germogli di soia
60 ml/4 cucchiai di olio di arachidi 100 g di germogli di bambù, tagliati a listarelle
1 cipolla tritata
225 g/8 oz di polpa di granchio, in scaglie
4 uova leggermente sbattute
15 ml/1 cucchiaio di farina di mais (amido di mais)
30 ml/2 cucchiai di salsa di soia
sale e pepe macinato fresco

Sbollentare i germogli di soia in acqua bollente per 4 minuti e scolarli. Scaldare metà dell'olio e rosolare i germogli di soia, i germogli di bambù e la cipolla fino a renderli morbidi. Togliere dal fuoco e mescolare gli altri ingredienti, tranne l'olio. Scaldate l'olio rimasto in una padella pulita e friggete cucchiaiate del composto di polpa di granchio per formare delle tortine. Friggere fino a doratura su entrambi i lati e servire subito.

Crema di Granchio

Serve 4

225 g/8 once di polpa di granchio
5 uova sbattute
1 erba cipollina (erba cipollina) tritata finemente
250 ml/8 fl oz/1 tazza di acqua
5 ml/1 cucchiaino di sale
5 ml/1 cucchiaino di olio di sesamo

Mescolare bene tutti gli ingredienti. Mettere in una ciotola, coprire e posizionare nella parte superiore di una doppia caldaia sopra l'acqua calda o su una griglia a vapore. Cuocere a vapore per circa 35 minuti fino ad ottenere una consistenza cremosa, mescolando di tanto in tanto. Servire con riso.

Polpa di granchio con foglie cinesi

Serve 4

450 g/1 libbra di foglie cinesi, tritate
45 ml/3 cucchiai di olio vegetale
2 erba cipollina (erba cipollina), tritata
225 g/8 once di polpa di granchio
15 ml/1 cucchiaio di salsa di soia
15 ml/1 cucchiaio di vino di riso o sherry secco
5 ml/1 cucchiaino di sale

Sbollentare le foglie cinesi in acqua bollente per 2 minuti, scolarle bene e lavarle in acqua fredda. Scaldare l'olio e friggere i cipollotti finché saranno leggermente dorati. Aggiungere la polpa di granchio e farla rosolare per 2 minuti. Aggiungere le foglie cinesi e friggere per 4 minuti. Aggiungere la salsa di soia, il vino o lo sherry e il sale e mescolare bene. Aggiungere il brodo e la farina di mais, portare a ebollizione e cuocere, mescolando, per 2 minuti finché la salsa non si schiarirà e si addensa.

Granchio Foo Yung con germogli di soia

Serve 4

6 uova sbattute
45 ml/3 cucchiai di farina di mais (amido di mais)
225 g/8 once di polpa di granchio
100 g di germogli di soia
2 erba cipollina (erba cipollina), tritata finemente
2,5 ml/¬Ω cucchiaino di sale
45 ml/3 cucchiai di olio di arachidi (arachidi).

Sbattere le uova e poi la maizena. Mescolare gli altri ingredienti tranne l'olio. Scaldare l'olio e versare il composto nella padella poco alla volta ottenendo delle piccole frittelle di circa 3 centimetri di diametro. Friggere fino a doratura sul fondo, girare e dorare l'altro lato.

Granchio allo zenzero

Serve 4

15 ml/1 cucchiaio di olio di arachidi
2 fette di radice di zenzero, tritate
4 scalogni (erba cipollina), tritati
3 spicchi d'aglio, schiacciati
1 peperoncino rosso, tritato
350 g/12 oz polpa di granchio, in scaglie
2,5 ml/½ cucchiaino di pasta di pesce
2,5 ml/½ cucchiaino di olio di sesamo
15 ml/1 cucchiaio di vino di riso o sherry secco
5 ml/1 cucchiaino di farina di mais (amido di mais)
15 ml/1 cucchiaio di acqua

Scaldare l'olio e soffriggere lo zenzero, il cipollotto, l'aglio e il pepe per 2 minuti. Aggiungere la polpa di granchio e mescolare fino a quando sarà ben ricoperta dalle spezie. Aggiungere la pasta di pesce. Mescolare gli ingredienti rimanenti fino a formare una pasta, quindi aggiungerli nella padella e friggere per 1 minuto. Servire subito.

Granchio Lo Mein

Serve 4

100 g di germogli di soia
30 ml/2 cucchiai di olio di arachidi (arachidi)
5 ml/1 cucchiaino di sale
1 cipolla, affettata
100 g di funghi, affettati
225 g/8 oz di polpa di granchio, in scaglie
100 g/4 oz di germogli di bambù, affettati
Pasta Salsa
30 ml/2 cucchiai di salsa di soia
5 ml/1 cucchiaino di zucchero
5 ml/1 cucchiaino di olio di sesamo
sale e pepe macinato fresco

Sbollentare i germogli di soia in acqua bollente per 5 minuti e scolarli. Scaldare l'olio e friggere il sale e la cipolla fino a doratura. Aggiungere i funghi e rosolarli fino a renderli morbidi. Aggiungere la polpa di granchio e farla rosolare per 2 minuti. Aggiungere i germogli di soia e i germogli di bambù e far rosolare per 1 minuto. Aggiungete la pasta scolata nella padella e mantecate delicatamente. Mescolare salsa di soia, zucchero e olio di sesamo e condire con sale e pepe. Mescolare nella padella finché non sarà completamente riscaldato.

Granchio fritto con carne di maiale

Serve 4

30 ml/2 cucchiai di olio di arachidi (arachidi)
100 g/4 oz carne di maiale macinata (macinata)
350 g/12 oz polpa di granchio, in scaglie
2 fette di radice di zenzero, tritate
2 uova leggermente sbattute
15 ml/1 cucchiaio di salsa di soia
15 ml/1 cucchiaio di vino di riso o sherry secco
30 ml/2 cucchiai di acqua
sale e pepe macinato fresco
4 cipolline (erba cipollina), tagliate a listarelle

Scaldare l'olio e friggere la carne di maiale fino a doratura leggermente. Aggiungere la polpa di granchio e lo zenzero e far rosolare per 1 minuto. Mescolare le uova. Aggiungere salsa di soia, vino o sherry, acqua, sale e pepe e cuocere per circa 4 minuti, mescolando. Servire guarnito con erba cipollina.

Polpa di granchio fritta

Serve 4

30 ml/2 cucchiai di olio di arachidi (arachidi)
450 g/1 libbra di polpa di granchio, in scaglie
2 erba cipollina (erba cipollina), tritata
2 fette di radice di zenzero, tritate
30 ml/2 cucchiai di salsa di soia
30 ml/2 cucchiai di vino di riso o sherry secco
2,5 ml/¬Ω cucchiaino di sale
15 ml/1 cucchiaio di farina di mais (amido di mais)
60 ml/4 cucchiai di acqua

Scaldare l'olio e friggere la polpa di granchio, lo scalogno e lo zenzero per 1 minuto. Aggiungere la salsa di soia, il vino o lo sherry e il sale, coprire e cuocere per 3 minuti. Mescolare la maizena e l'acqua fino a formare una pasta, unirla nella padella e cuocere, mescolando, finché la salsa non sarà chiara e addensata.

Polpette di seppia fritte

Serve 4

450 g/1 lb di seppie

50 g/2 once di strutto, schiacciato

1 albume d'uovo

2,5 ml/¬Ω cucchiaino di zucchero

2,5 ml/¬Ω cucchiaino di farina di mais (amido di mais)

sale e pepe macinato fresco

olio per friggere

Mondate le seppie e schiacciatele o riducetele in una poltiglia. Mescolare con lo strutto, gli albumi, lo zucchero e la maizena e aggiustare di sale e pepe. Pressare il composto in piccole palline.

Scaldare l'olio e friggere le frittelle di seppia, più volte se necessario, finché non salgono a galla e diventano dorate. Scolare bene e servire subito.

Aragosta alla cantonese

Serve 4

2 aragoste
30 ml/2 cucchiai di olio
15 ml/1 cucchiaio di salsa di fagioli neri
1 spicchio d'aglio, schiacciato
1 cipolla tritata
225 g/8 oz carne di maiale macinata (macinata)
45 ml/3 cucchiai di salsa di soia
5 ml/1 cucchiaino di zucchero
sale e pepe macinato fresco
15 ml/1 cucchiaio di farina di mais (amido di mais)
75 ml/5 cucchiai di acqua

1 uovo sbattuto

Aprire gli astici, togliere la carne e tagliarla a cubetti di 2,5 cm/1. Scaldare l'olio e friggere la salsa di fagioli neri, aglio e cipolla fino a doratura. Aggiungere il maiale e friggerlo fino a doratura. Aggiungete la salsa di soia, lo zucchero, il sale, il pepe e l'astice, coprite e fate cuocere per circa 10 minuti. Mescolare la maizena e l'acqua fino a formare una pasta, unirla nella padella e cuocere, mescolando, finché la salsa non sarà chiara e addensata. Spegnere il fuoco e unire l'uovo prima di servire.

Aragosta fritta

Serve 4

450 g/1 libbra di carne di aragosta
30 ml/2 cucchiai di salsa di soia
5 ml/1 cucchiaino di zucchero
1 uovo sbattuto
30 ml/3 cucchiai di farina semplice (per tutti gli usi)
olio per friggere

Tagliare la polpa dell'aragosta a cubetti di 2,5 cm/1 e mescolarla con la salsa di soia e lo zucchero. Lasciate riposare per 15 minuti e poi scolate. Sbattere l'uovo e la farina, quindi aggiungere l'aragosta e mescolare bene per ricoprirla. Scaldare l'olio e friggere l'aragosta fino a doratura. Scolare su carta da cucina prima di servire.

Aragosta al vapore con prosciutto

Serve 4

4 uova leggermente sbattute

60 ml/4 cucchiai di acqua

5 ml/1 cucchiaino di sale

15 ml/1 cucchiaio di salsa di soia

450 g/1 lb di carne di aragosta, in scaglie

15 ml/1 cucchiaio di prosciutto affumicato tritato

15 ml/1 cucchiaio di prezzemolo fresco tritato

Sbattere le uova con l'acqua, il sale e la salsa di soia. Versare in una ciotola resistente al calore e cospargere con la carne di aragosta. Metti la ciotola su una griglia in una vaporiera, copri e cuoci a vapore per 20 minuti finché le uova non si saranno solidificate. Servire guarnito con prosciutto e prezzemolo.

Aragosta con Funghi

Serve 4

450 g/1 libbra di carne di aragosta

15 ml/1 cucchiaio di farina di mais (amido di mais)

60 ml/4 cucchiai di acqua

30 ml/2 cucchiai di olio di arachidi (arachidi)

4 scalogni (erba cipollina), affettati spessi

100 g di funghi, affettati

2,5 ml/¬Ω cucchiaino di sale

1 spicchio d'aglio, schiacciato

30 ml/2 cucchiai di salsa di soia

15 ml/1 cucchiaio di vino di riso o sherry secco

Tagliare la polpa dell'aragosta a cubetti di 2,5 cm/1. Mescolare la farina di mais e l'acqua fino a formare una pasta e aggiungere i cubetti di aragosta nel composto per ricoprirli. Scaldare metà dell'olio e friggere i cubetti di aragosta finché saranno leggermente dorati, quindi toglierli dalla padella. Scaldare l'olio rimanente e friggere i cipollotti fino a quando saranno leggermente dorati. Aggiungere i funghi e farli rosolare per 3 minuti. Aggiungere sale, aglio, salsa di soia e vino o sherry e friggere per 2 minuti. Riporta l'aragosta nella padella e friggi fino a quando non sarà completamente riscaldata.

Code di aragosta con carne di maiale

Serve 4

3 funghi cinesi secchi
4 code di aragosta
60 ml/4 cucchiai di olio di arachidi (arachidi).
100 g/4 oz carne di maiale macinata (macinata)
50 g di castagne d'acqua, tritate finemente
sale e pepe macinato fresco
2 spicchi d'aglio, schiacciati
45 ml/3 cucchiai di salsa di soia
30 ml/2 cucchiai di vino di riso o sherry secco
30 ml/2 cucchiai di salsa di fagioli neri

10 ml/2 cucchiai di farina di mais (amido di mais)
120 ml/4 fl oz/¬Ω tazza di acqua

Immergere i funghi in acqua tiepida per 30 minuti e scolarli. Eliminare i gambi e tritare le cime. Tagliare le code di aragosta a metà nel senso della lunghezza. Rimuovere la carne dalle code di aragosta, conservando i gusci. Scaldare metà dell'olio e friggere la carne di maiale fino a doratura leggera. Togliere dal fuoco e mantecare con i funghi, la polpa dell'aragosta, le castagne d'acqua, sale e pepe. Premere nuovamente la carne nei gusci dell'aragosta e disporla in una pirofila. Disporre su una griglia in una vaporiera, coprire e cuocere a vapore per circa 20 minuti fino a cottura ultimata. Nel frattempo, scaldare l'olio rimanente e soffriggere l'aglio, la salsa di soia, il vino o lo sherry e la salsa di fagioli neri per 2 minuti. Mescolare la maizena e l'acqua fino a formare una pasta, unirla nella padella e cuocere, mescolando, finché la salsa non si sarà addensata. Disporre l'aragosta su un piatto riscaldato,

Aragosta Fritta

Serve 4

Code di aragosta da 450 g/1 libbra
30 ml/2 cucchiai di olio di arachidi (arachidi)
1 spicchio d'aglio, schiacciato
2,5 ml/¬Ω cucchiaino di sale
350 g/12 once di germogli di soia
50 g di funghi champignon
4 scalogni (erba cipollina), affettati spessi
150 ml/¬° pt/una tazza generosa di ¬Ω di brodo di pollo
15 ml/1 cucchiaio di farina di mais (amido di mais)

Portare a ebollizione una pentola d'acqua, aggiungere le code di aragosta e far bollire per 1 minuto. Scolare, raffreddare, eliminare la pelle e tagliare a fette spesse. Scaldare l'olio d'oliva con l'aglio e il sale e friggere fino a quando l'aglio sarà leggermente dorato. Aggiungere l'aragosta e farla rosolare per 1 minuto. Aggiungete i germogli di soia e i funghi e fate rosolare per 1 minuto. Unire l'erba cipollina. Aggiungere la maggior parte del brodo, portare a ebollizione, coprire e cuocere per 3 minuti. Mescolare la farina di mais con il brodo rimasto, mantecare nella padella e cuocere, mescolando, fino a quando la salsa si schiarirà e si sarà addensata.

nidi di aragosta

Serve 4

30 ml/2 cucchiai di olio di arachidi (arachidi)

5 ml/1 cucchiaino di sale

1 cipolla, affettata sottilmente

100 g di funghi, affettati

100 g/4 oz di germogli di bambù, affettati 225 g/8 oz di carne di aragosta cotta

15 ml/1 cucchiaio di vino di riso o sherry secco

120 ml/4 fl oz/½ tazza di brodo di pollo

pizzico di pepe appena macinato

10 ml/2 cucchiaini di farina di mais (amido di mais)

15 ml/1 cucchiaio di acqua

4 cestini per la pasta

Scaldare l'olio e friggere il sale e la cipolla fino a doratura. Aggiungere i funghi e i germogli di bambù e far rosolare per 2 minuti. Aggiungere la polpa dell'aragosta, il vino o lo sherry e il brodo, portare a ebollizione, coprire e cuocere per 2 minuti. Condire con pepe. Mescolare la maizena e l'acqua fino a formare una pasta, unirla nella padella e cuocere, mescolando, finché la salsa non si sarà addensata. Disporre i nidi di noodle su un piatto da portata caldo e guarnire con l'aragosta fritta.

Cozze in salsa di fagioli neri

Serve 4

45 ml/3 cucchiai di olio di arachidi (arachidi).

2 spicchi d'aglio, schiacciati

2 fette di radice di zenzero, tritate

30 ml/2 cucchiai di salsa di fagioli neri

15 ml/1 cucchiaio di salsa di soia

1,5 kg di cozze, pulite e con la barba

2 erba cipollina (erba cipollina), tritata

Scaldare l'olio e soffriggere l'aglio e lo zenzero per 30 secondi. Aggiungere la salsa di fagioli neri e la salsa di soia e soffriggere per 10 secondi. Aggiungete le cozze, coprite e fate cuocere per circa 6 minuti finché le cozze non si saranno aperte. Scartare quelli che rimangono chiusi. Trasferire su un piatto riscaldato e servire cosparso di erba cipollina.

Cozze allo zenzero

Serve 4

45 ml/3 cucchiai di olio di arachidi (arachidi).
2 spicchi d'aglio, schiacciati
4 fette di radice di zenzero, tritata
1,5 kg di cozze, pulite e con la barba
45 ml/3 cucchiai di acqua
15 ml/1 cucchiaio di salsa di ostriche

Scaldare l'olio e soffriggere l'aglio e lo zenzero per 30 secondi. Aggiungete le cozze e l'acqua, coprite e fate cuocere per circa 6 minuti finché le cozze non si saranno aperte. Scartare quelli che rimangono chiusi. Trasferire su un piatto caldo e servire cosparso di salsa di ostriche.

Cozze cotte

Serve 4

1,5 kg di cozze, pulite e con la barba
45 ml/3 cucchiai di salsa di soia
3 scalogni (erba cipollina), tritati finemente

Disporre le cozze su una griglia nella vaporiera, coprire e cuocere a vapore in acqua bollente per circa 10 minuti finché tutte le cozze non si saranno aperte. Scartare quelli che rimangono chiusi. Trasferire su un piatto da portata riscaldato e servire cosparso di salsa di soia ed erba cipollina.

Ostriche fritte

Serve 4

24 ostriche, sgusciate
sale e pepe macinato fresco
1 uovo sbattuto
50 g/2 oz/¬Ω tazza di farina semplice (per tutti gli usi)
250 ml/8 fl oz/1 tazza di acqua
olio per friggere
4 scalogni (erba cipollina), tritati

Cospargere le ostriche con sale e pepe. Sbattete l'uovo con la farina e l'acqua fino ad ottenere un impasto e usatelo per ricoprire le ostriche. Scaldare l'olio e friggere le ostriche fino a doratura. Scolatele su carta da cucina e servitele guarnite con erba cipollina.

Ostriche con pancetta

Serve 4

175 g/6 once di pancetta

24 ostriche, sgusciate

1 uovo, leggermente sbattuto

15 ml/1 cucchiaio di acqua

45 ml/3 cucchiai di olio di arachidi (arachidi).

2 cipolle, tritate

15 ml/1 cucchiaio di farina di mais (amido di mais)

15 ml/1 cucchiaio di salsa di soia

90 ml/6 cucchiai di brodo di pollo

Tagliare la pancetta a pezzetti e avvolgerne un pezzo attorno ad ogni ostrica. Sbattere l'uovo con l'acqua e immergerlo nelle ostriche per ricoprirle. Scaldare metà dell'olio e friggere le ostriche fino a quando saranno leggermente dorate su entrambi i lati, toglierle dalla padella e scolare il grasso. Scaldare l'olio rimanente e friggere le cipolle fino a renderle morbide. Mescolare la farina di mais, la salsa di soia e il brodo fino a formare una pasta, versare nella padella e cuocere, mescolando, finché la salsa non si schiarisce e si addensa. Versare sulle ostriche e servire immediatamente.

Ostriche fritte con zenzero

Serve 4

24 ostriche, sgusciate
2 fette di radice di zenzero, tritate
30 ml/2 cucchiai di salsa di soia
15 ml/1 cucchiaio di vino di riso o sherry secco
4 cipolline (erba cipollina), tagliate a listarelle
100 g/4 once di pancetta
1 uovo

50 g/2 oz/¬Ω tazza di farina semplice (per tutti gli usi)
sale e pepe macinato fresco
olio per friggere
1 limone, tagliato a spicchi

Metti le ostriche in una ciotola con lo zenzero, la salsa di soia e il vino o lo sherry e mescola per ricoprirle. Lasciare riposare per 30 minuti. Metti alcune strisce di erba cipollina sopra ogni ostrica. Tagliare la pancetta a pezzetti e avvolgerne un pezzo attorno ad ogni ostrica. Sbattere l'uovo e la farina fino ad ottenere un impasto e condirlo con sale e pepe. Immergere le ostriche nella pastella finché non saranno ben ricoperte. Scaldare l'olio e friggere le ostriche fino a doratura. Servire guarnito con fettine di limone.

Ostriche con salsa di fagioli neri

Serve 4

350 g/12 oz ostriche sgusciate
120 ml/4 fl oz/¬Ω tazza di olio di arachidi (arachidi).
2 spicchi d'aglio, schiacciati
3 scalogni (scalogno), affettati
15 ml/1 cucchiaio di salsa di fagioli neri
30 ml/2 cucchiai di salsa di soia scura
15 ml/1 cucchiaio di olio di sesamo

pizzico di peperoncino in polvere

Sbollentare le ostriche in acqua bollente per 30 secondi e scolarle. Scaldare l'olio d'oliva e rosolare l'aglio e l'erba cipollina per 30 secondi. Aggiungere la salsa di fagioli neri, la salsa di soia, l'olio di sesamo e le ostriche e condire a piacere con peperoncino in polvere. Friggere fino a cottura ultimata e servire subito.

Capesante con germogli di bambù

Serve 4

60 ml/4 cucchiai di olio di arachidi (arachidi).
6 erba cipollina (erba cipollina), tritata
225 g/8 once di funghi, tagliati in quarti
15 ml/1 cucchiaio di zucchero
450 g di capesante sgusciate
2 fette di radice di zenzero, tritate
225 g/8 once di germogli di bambù, affettati

sale e pepe macinato fresco

300 ml/¬Ω pt/1¬° bicchieri d'acqua

30 ml/2 cucchiai di aceto di vino

30 ml/2 cucchiai di farina di mais (amido di mais)

150 ml/¬° pt/una generosa tazza d'acqua

45 ml/3 cucchiai di salsa di soia

Scaldare l'olio e friggere le cipolle e i funghi per 2 minuti. Aggiungere lo zucchero, le capesante, lo zenzero, i germogli di bambù, sale e pepe, coprire e cuocere per 5 minuti. Aggiungere l'acqua e l'aceto di vino, portare ad ebollizione, coprire e cuocere per 5 minuti. Mescolare la maizena e l'acqua fino a formare una pasta, unirla nella padella e cuocere, mescolando, finché la salsa non si sarà addensata. Condire con salsa di soia e servire.

Capesante con uovo

Serve 4

45 ml/3 cucchiai di olio di arachidi (arachidi).

350 g di capesante sgusciate

25 g/1 oz di prosciutto affumicato, tritato

30 ml/2 cucchiai di vino di riso o sherry secco

5 ml/1 cucchiaino di zucchero

2,5 ml/¬Ω cucchiaino di sale

pizzico di pepe appena macinato

2 uova leggermente sbattute
15 ml/1 cucchiaio di salsa di soia

Scaldare l'olio e friggere le capesante per 30 secondi. Aggiungere il prosciutto e far rosolare per 1 minuto. Aggiungere il vino o lo sherry, lo zucchero, il sale e il pepe e far rosolare per 1 minuto. Aggiungere le uova e mescolare delicatamente a fuoco alto finché gli ingredienti non saranno ben ricoperti dall'uovo. Servire cosparso di salsa di soia.

Capesante con broccoli

Serve 4

350 g di capesante, affettate
3 fette di radice di zenzero, tritata
¬Ω carota piccola, affettata
1 spicchio d'aglio, schiacciato
45 ml/3 cucchiai di farina semplice (per tutti gli usi)
2,5 ml/¬Ω cucchiaino di bicarbonato di sodio (bicarbonato di sodio)

30 ml/2 cucchiai di olio di arachidi (arachidi)
15 ml/1 cucchiaio di acqua
1 banana, a fette
olio per friggere
275 g/10 once di broccoli
sale
5 ml/1 cucchiaino di olio di sesamo
2,5 ml/½ cucchiaino di salsa di peperoncino
2,5 ml/½ cucchiaino di aceto di vino
2,5 ml/½ cucchiaino di passata di pomodoro (concentrato)

Mescolare le capesante con lo zenzero, la carota e l'aglio e lasciare riposare. Mescolate la farina, il bicarbonato, 15 ml/1 cucchiaio di olio e l'acqua fino a formare una pasta e usatela per ricoprire le fette di banana. Scaldare l'olio e friggere la banana fino a doratura, scolarla e disporla attorno ad un piatto da portata caldo. Nel frattempo lessate i broccoli in acqua bollente salata finché saranno teneri e scolateli. Scaldate il restante olio con l'olio di sesamo e fate rosolare brevemente i broccoli, quindi disponeteli attorno al piatto con le banane. Aggiungete nella padella la salsa di peperoni, l'aceto di vino e la passata di pomodoro e fate rosolare le capesante fino a cottura. Disporre sul piatto da portata e servire subito.

Capesante allo zenzero

Serve 4

45 ml/3 cucchiai di olio di arachidi (arachidi).
2,5 ml/½ cucchiaino di sale
3 fette di radice di zenzero, tritata
2 scalogni (erba cipollina), tagliati a fette spesse
450 g di capesante sgusciate, tagliate a metà
15 ml/1 cucchiaio di farina di mais (amido di mais)
60 ml/4 cucchiai di acqua

Scaldare l'olio e friggere il sale e lo zenzero per 30 secondi. Aggiungere l'erba cipollina e farla rosolare fino a leggera doratura. Aggiungere le capesante e farle rosolare per 3 minuti. Mescolare la maizena e l'acqua fino a formare una pasta, aggiungerla nella padella e cuocere, mescolando, finché non si addensa. Servire subito.

Capesante al Prosciutto

Serve 4

450 g di capesante sgusciate, tagliate a metà
250 ml/8 fl oz/1 tazza di vino di riso o sherry secco
1 cipolla, tritata finemente
2 fette di radice di zenzero, tritate
2,5 ml/¬Ω cucchiaino di sale
100 g/4 oz di prosciutto affumicato, tritato

Mettete le capesante in una ciotola e aggiungete il vino o lo sherry. Coprire e marinare per 30 minuti, girando di tanto in tanto, quindi scolare le capesante ed eliminare la marinata. Disporre le capesante in una pirofila con gli altri ingredienti. Disporre la pirofila su una griglia, coprire e cuocere a vapore in acqua bollente per circa 6 minuti finché le capesante saranno tenere.

Capesante strapazzate alle erbe

Serve 4

225 g di capesante sgusciate
30 ml/2 cucchiai di coriandolo fresco tritato
4 uova sbattute
15 ml/1 cucchiaio di vino di riso o sherry secco
sale e pepe macinato fresco
15 ml/1 cucchiaio di olio di arachidi

Mettere le capesante in una vaporiera e cuocerle per circa 3 minuti fino a cottura ultimata, a seconda delle dimensioni. Togliere dal vapore e cospargere con il coriandolo. Sbattere le uova con il vino o lo sherry e condire a piacere con sale e pepe. Aggiungere le capesante e il coriandolo. Scaldare l'olio e friggere il composto di uova e capesante, mescolando continuamente, finché le uova non saranno solidificate. Servire immediatamente.

Soffritto di capesante e cipolla

Serve 4

45 ml/3 cucchiai di olio di arachidi (arachidi).
1 cipolla, affettata
450 g di capesante sgusciate, tagliate in quarti
sale e pepe macinato fresco
15 ml/1 cucchiaio di vino di riso o sherry secco

Scaldare l'olio e friggere la cipolla finché non sarà appassita. Aggiungere le capesante e friggerle finché saranno leggermente dorate. Condire con sale e pepe, irrorare con vino o sherry e servire immediatamente.

Capesante Con Verdure

Serve 4,Äì6

4 funghi cinesi secchi

2 cipolle

30 ml/2 cucchiai di olio di arachidi (arachidi)

3 gambi di sedano, tagliati in diagonale

225 g di fagiolini, tagliati in diagonale

10 ml/2 cucchiaino di radice di zenzero grattugiata

1 spicchio d'aglio, schiacciato

20 ml/4 cucchiaini di farina di mais (amido di mais)

250 ml/8 fl oz/1 tazza di brodo di pollo

30 ml/2 cucchiai di vino di riso o sherry secco

30 ml/2 cucchiai di salsa di soia

450 g di capesante sgusciate, tagliate in quarti

6 scalogni (scalogno), affettati

Pannocchie di mais in scatola da 425 g/15 oz

Immergere i funghi in acqua tiepida per 30 minuti e scolarli. Eliminare i gambi e tagliare le sommità. Tagliare le cipolle a spicchi e separare gli strati. Scaldate l'olio e fate rosolare la cipolla, il sedano, i fagioli, lo zenzero e l'aglio per 3 minuti. Mescolare la farina di mais con una parte del brodo, quindi aggiungere il brodo rimanente, il vino o lo sherry e la salsa di soia. Aggiungere al wok e portare a ebollizione, mescolando. Aggiungere i funghi, le capesante, i cipollotti e il mais e far rosolare per circa 5 minuti finché le capesante saranno tenere.

Capesante ai peperoni

Serve 4

30 ml/2 cucchiai di olio di arachidi (arachidi)
3 erba cipollina (erba cipollina), tritata
1 spicchio d'aglio, schiacciato
2 fette di radice di zenzero, tritate
2 peperoni rossi, tagliati a dadini
450 g di capesante sgusciate
30 ml/2 cucchiai di vino di riso o sherry secco
15 ml/1 cucchiaio di salsa di soia
15 ml/1 cucchiaio di salsa di fagioli gialli
5 ml/1 cucchiaino di zucchero
5 ml/1 cucchiaino di olio di sesamo

Scaldate l'olio e fate rosolare l'erba cipollina, l'aglio e lo zenzero per 30 secondi. Aggiungere i peperoni e farli rosolare per 1 minuto. Aggiungere le capesante e farle rosolare per 30 secondi, quindi aggiungere gli altri ingredienti e cuocere per circa 3 minuti finché le capesante saranno tenere.

Calamari con germogli di soia

Serve 4

450 g/1 libbra di calamari
30 ml/2 cucchiai di olio di arachidi (arachidi)
15 ml/1 cucchiaio di vino di riso o sherry secco
100 g di germogli di soia
15 ml/1 cucchiaio di salsa di soia
sale
1 peperoncino rosso, grattugiato
2 fette di radice di zenzero, grattugiata
2 cipolline (erba cipollina), grattugiate

Eliminare la testa, gli intestini e la membrana dei calamari e tagliarli a pezzi grossi. Taglia un motivo incrociato in ogni pezzo. Portare a bollore una pentola d'acqua, aggiungere i calamari e cuocere finché i pezzi non si arricciano, toglierli e scolarli. Scaldate metà dell'olio d'oliva e fate rosolare velocemente i calamari. Spruzzare con vino o sherry. Nel frattempo, scaldare l'olio rimanente e friggere i germogli di soia fino a renderli morbidi. Condire con salsa di soia e sale. Disporre il peperoncino, lo zenzero e i cipollotti attorno a un piatto da portata. Disporre al centro i germogli di soia e ricoprire con i calamari. Servire subito.

Calamaro fritto

Serve 4

50 g/2 once di farina semplice (per tutti gli usi)
25 g/1 oz/¬th tazza di farina di mais (amido di mais)
2,5 ml/¬Ω cucchiaino di lievito in polvere
2,5 ml/¬Ω cucchiaino di sale
1 uovo
75 ml/5 cucchiai di acqua
15 ml/1 cucchiaio di olio di arachidi
450 g/1 libbra di calamari, tagliati ad anelli
olio per friggere

Sbattere la farina, la farina di mais, il lievito, il sale, l'uovo, l'acqua e l'olio fino ad ottenere un impasto. Immergere i calamari nella pastella fino a quando saranno ben ricoperti. Scaldare l'olio e friggere i calamari pochi pezzetti alla volta fino a doratura. Scolare su carta da cucina prima di servire.

Pacchetti di calamari

Serve 4

8 funghi cinesi secchi

450 g/1 libbra di calamari

100 g/4 once di prosciutto affumicato

100 g/4 once di tofu

1 uovo sbattuto

15 ml/1 cucchiaio di farina semplice (per tutti gli usi)

2,5 ml/¬Ω cucchiaino di zucchero

2,5 ml/¬Ω cucchiaino di olio di sesamo

sale e pepe macinato fresco

8 pelli di wonton

olio per friggere

Immergere i funghi in acqua tiepida per 30 minuti e scolarli. Scartare i gambi. Mondate i calamari e tagliateli in 8 pezzi. Tagliare il prosciutto e il tofu in 8 pezzi. Metteteli tutti in una ciotola. Mescolare l'uovo con la farina, lo zucchero, l'olio di sesamo, sale e pepe. Versare sopra gli ingredienti nella ciotola e mescolare delicatamente. Disporre un cappello di fungo e un pezzo di calamaro, prosciutto e tofu appena sotto il centro di ciascuna pelle di wonton. Piegare nell'angolo inferiore, piegare ai lati e arrotolare, inumidendo i bordi con acqua per sigillare. Scaldare l'olio e friggere le fette per circa 8 minuti fino a doratura. Scolare bene prima di servire.

Involtini di calamari fritti

Serve 4

45 ml/3 cucchiai di olio di arachidi (arachidi).
Anelli di calamari da 225 g/8 once
1 peperone verde grande, tagliato a pezzi
100 g/4 oz di germogli di bambù, affettati
2 erba cipollina (erba cipollina), tritata finemente
1 fetta di radice di zenzero, tritata finemente
45 ml/2 cucchiai di salsa di soia

30 ml/2 cucchiai di vino di riso o sherry secco

15 ml/1 cucchiaio di farina di mais (amido di mais)

15 ml/1 cucchiaio di brodo di pesce o acqua

5 ml/1 cucchiaino di zucchero

5 ml/1 cucchiaino di aceto di vino

5 ml/1 cucchiaino di olio di sesamo

sale e pepe macinato fresco

Scaldare 15 ml/1 cucchiaio di olio e friggere velocemente gli anelli di calamaro finché non saranno sigillati. Nel frattempo, scaldare l'olio rimasto in una padella a parte e friggere il peperone, i germogli di bambù, i cipollotti e lo zenzero per 2 minuti. Aggiungete i calamari e fateli rosolare per 1 minuto. Aggiungere salsa di soia, vino o sherry, farina di mais, brodo, zucchero, aceto di vino e olio di sesamo e condire con sale e pepe. Friggere fino a quando la salsa si schiarisce e si addensa.

Calamari brasati

Serve 4

45 ml/3 cucchiai di olio di arachidi (arachidi).
3 scalogni (erba cipollina), tagliati a fette spesse
2 fette di radice di zenzero, tritate
450 g/1 libbra di calamari, tagliati a pezzi
15 ml/1 cucchiaio di salsa di soia
15 ml/1 cucchiaio di vino di riso o sherry secco
5 ml/1 cucchiaino di farina di mais (amido di mais)
15 ml/1 cucchiaio di acqua

Scaldare l'olio e friggere il cipollotto e lo zenzero finché diventano morbidi. Aggiungete i calamari e fateli rosolare finché non saranno ricoperti d'olio. Aggiungere la salsa di soia e il vino o lo sherry, coprire e cuocere per 2 minuti. Mescolare la maizena e l'acqua fino a formare una pasta, unirla nella padella e cuocere, mescolando, finché la salsa non si sarà addensata e i calamari saranno teneri.

Calamari con Funghi Secchi

Serve 4

50 g/2 once di funghi cinesi secchi
Anelli di calamari da 450 g/1 libbra
45 ml/3 cucchiai di olio di arachidi (arachidi).
45 ml/3 cucchiai di salsa di soia
2 erba cipollina (erba cipollina), tritata finemente

1 fetta di radice di zenzero, tritata
225 g/8 oz di germogli di bambù, tagliati a strisce
30 ml/2 cucchiai di farina di mais (amido di mais)
150 ml/¬° pt/una generosa tazza di brodo di pesce

Immergere i funghi in acqua tiepida per 30 minuti e scolarli. Eliminare i gambi e tagliare le sommità. Scottare gli anelli di calamari per pochi secondi in acqua bollente. Scaldare l'olio d'oliva, aggiungere i funghi, la salsa di soia, i cipollotti e lo zenzero e far rosolare per 2 minuti. Aggiungere i calamari e i germogli di bambù e farli rosolare per 2 minuti. Mescolare la farina di mais e il brodo e versarli nella padella. Cuocere, mescolando, finché la salsa non si schiarisce e si addensa.

Calamari con verdure

Serve 4

45 ml/3 cucchiai di olio di arachidi (arachidi).
1 cipolla, affettata
5 ml/1 cucchiaino di sale
450 g/1 libbra di calamari, tagliati a pezzi
100 g/4 oz di germogli di bambù, affettati

2 gambi di sedano, tagliati in diagonale

60 ml/4 cucchiai di brodo di pollo

5 ml/1 cucchiaino di zucchero

100 g/4 once di taccole (piselli)

5 ml / 1 cucchiaino di farina di mais (amido di mais)

15 ml/1 cucchiaio di acqua

Scaldare l'olio e soffriggere la cipolla e il sale finché non saranno leggermente dorate. Aggiungere i calamari e friggerli finché non saranno ricoperti d'olio. Aggiungere i germogli di bambù e il sedano e far rosolare per 3 minuti. Aggiungere il brodo e lo zucchero, portare ad ebollizione, coprire e cuocere per 3 minuti finché le verdure saranno tenere. Mescolare le taccole. Mescolare la maizena e l'acqua fino a formare una pasta, unirla nella padella e cuocere, mescolando, finché la salsa non si sarà addensata.

Bistecca brasata all'anice

Serve 4

30 ml/2 cucchiai di olio di arachidi (arachidi)

450 g/1 libbra di bistecca

1 spicchio d'aglio, schiacciato

45 ml/3 cucchiai di salsa di soia

15 ml/1 cucchiaio di acqua

15 ml/1 cucchiaio di vino di riso o sherry secco
5 ml/1 cucchiaino di sale
5 ml/1 cucchiaino di zucchero
2 spicchi di anice stellato

Scaldare l'olio e friggere la carne finché non sarà dorata su tutti i lati. Aggiungete il resto degli ingredienti, portate a bollore, coprite e lasciate cuocere a fuoco lento per circa 45 minuti, quindi girate la carne, aggiungendo ancora un po' d'acqua e salsa di soia se dovesse asciugarsi. Cuocere per altri 45 minuti finché la carne sarà tenera. Eliminare l'anice stellato prima di servire.

Manzo Con Asparagi

Serve 4

450 g/1 libbra di scamone, a cubetti
30 ml/2 cucchiai di salsa di soia
30 ml/2 cucchiai di vino di riso o sherry secco
45 ml/3 cucchiai di farina di mais (amido di mais)
45 ml/3 cucchiai di olio di arachidi (arachidi).

5 ml/1 cucchiaino di sale

1 spicchio d'aglio, schiacciato

Punte di asparagi da 350 g/12 oz

120 ml/4 fl oz/¬Ω tazza di brodo di pollo

15 ml/1 cucchiaio di salsa di soia

Metti la bistecca in una ciotola. Mescolare salsa di soia, vino o sherry e 30 ml/2 cucchiai di maizena, versare sulla bistecca e mescolare bene. Lasciare marinare per 30 minuti. Scaldare l'olio d'oliva con il sale e l'aglio e friggere fino a quando l'aglio sarà leggermente dorato. Aggiungere la carne e la marinata e far rosolare per 4 minuti. Aggiungete gli asparagi e fateli rosolare dolcemente per 2 minuti. Aggiungere il brodo e la salsa di soia, portare a ebollizione e cuocere, mescolando, per 3 minuti fino a quando la carne sarà cotta. Mescolare la farina di mais rimanente con un po' più di acqua o brodo e incorporarla alla salsa. Cuocere, mescolando, per qualche minuto finché la salsa non si schiarirà e si addensa.

Manzo con germogli di bambù

Serve 4

45 ml/3 cucchiai di olio di arachidi (arachidi).

1 spicchio d'aglio, schiacciato

1 erba cipollina (erba cipollina), tritata

1 fetta di radice di zenzero, tritata
225 g/8 once di manzo magro, tagliato a listarelle
100 g di germogli di bambù
45 ml/3 cucchiai di salsa di soia
15 ml/1 cucchiaio di vino di riso o sherry secco
5 ml/1 cucchiaino di farina di mais (amido di mais)

Scaldare l'olio e soffriggere l'aglio, il cipollotto e lo zenzero finché saranno leggermente dorati. Aggiungere la carne e friggerla per 4 minuti finché non sarà leggermente dorata. Aggiungere i germogli di bambù e far rosolare per 3 minuti. Aggiungere la salsa di soia, il vino o lo sherry e la farina di mais e far rosolare per 4 minuti.

Manzo con germogli di bambù e funghi

Serve 4

225 g/8 once di manzo magro
45 ml/3 cucchiai di olio di arachidi (arachidi).
1 fetta di radice di zenzero, tritata

100 g/4 oz di germogli di bambù, affettati

100 g di funghi, affettati

45 ml/3 cucchiai di vino di riso o sherry secco

5 ml/1 cucchiaino di zucchero

10 ml/2 cucchiaini di salsa di soia

sale e pepe

120 ml/4 fl oz/¬Ω tazza di brodo di manzo

15 ml/1 cucchiaio di farina di mais (amido di mais)

30 ml/2 cucchiai di acqua

Tagliare la carne sottilmente contro la grana. Scaldare l'olio e far rosolare lo zenzero per qualche secondo. Aggiungere la carne e friggerla fino a doratura. Aggiungere i germogli di bambù e i funghi e far rosolare per 1 minuto. Aggiungere il vino o lo sherry, lo zucchero e la salsa di soia e condire con sale e pepe. Aggiungere il brodo, portare ad ebollizione, coprire e cuocere per 3 minuti. Mescolare l'amido di mais e l'acqua, unirli nella padella e cuocere, mescolando, finché la salsa non si sarà addensata.

Arrosto di manzo cinese

Serve 4

45 ml/3 cucchiai di olio di arachidi (arachidi).

Bistecca di manzo da 900 g/2 libbre

1 erba cipollina (scalogno), affettata

1 spicchio d'aglio, tritato

1 fetta di radice di zenzero, tritata

60 ml/4 cucchiai di salsa di soia

30 ml/2 cucchiai di vino di riso o sherry secco

5 ml/1 cucchiaino di zucchero

5 ml/1 cucchiaino di sale

pizzico di pepe

750 ml/1 pt/3 tazze di acqua bollente

Scaldare l'olio e rosolare velocemente la carne su tutti i lati. Aggiungere gli scalogni, l'aglio, lo zenzero, la salsa di soia, il vino o lo sherry, lo zucchero, il sale e il pepe. Portare a ebollizione, mescolando. Aggiungere l'acqua bollente, portare ad ebollizione mescolando, quindi coprire e cuocere per circa 2 ore finché la carne sarà tenera.

Manzo con germogli di soia

Serve 4

450 g/1 libbra di manzo magro, affettato

1 albume d'uovo

30 ml/2 cucchiai di olio di arachidi (arachidi)

15 ml/1 cucchiaio di farina di mais (amido di mais)

15 ml/1 cucchiaio di salsa di soia

100 g di germogli di soia

25 g/1 oncia di cavolo sott'aceto, tritato

1 peperoncino rosso, grattugiato

2 cipolline (erba cipollina), grattugiate

2 fette di radice di zenzero, grattugiata

sale

5 ml/1 cucchiaino di salsa di ostriche

5 ml/1 cucchiaino di olio di sesamo

Mescolare la carne con l'albume, metà dell'olio d'oliva, la farina di mais e la salsa di soia e lasciare riposare per 30 minuti. Sbollentare i germogli di soia in acqua bollente per circa 8 minuti finché saranno quasi teneri, quindi scolarli. Scaldare l'olio rimanente e friggere la carne fino a doratura, quindi toglierla dalla padella. Aggiungere il cavolo sottaceto, il peperoncino, lo zenzero, il sale, la salsa di ostriche e l'olio di sesamo e soffriggere per 2 minuti. Aggiungere i germogli di soia e farli rosolare per 2 minuti. Riporta la carne nella padella e friggi finché non sarà ben amalgamata e riscaldata. Servire subito.

Manzo con broccoli

Serve 4

450 g/1 lb di scamone, tagliato a fettine sottili
30 ml/2 cucchiai di farina di mais (amido di mais)
15 ml/1 cucchiaio di vino di riso o sherry secco
15 ml/1 cucchiaio di salsa di soia
30 ml/2 cucchiai di olio di arachidi (arachidi)
5 ml/1 cucchiaino di sale
1 spicchio d'aglio, schiacciato
225 g di cimette di broccoli
150 ml/¬° pt/una tazza generosa di ¬Ω di brodo di manzo

Metti la bistecca in una ciotola. Mescolare 15 ml/1 cucchiaio di farina di mais con il vino o lo sherry e la salsa di soia, incorporare alla carne e lasciare marinare per 30 minuti. Scaldare l'olio d'oliva con il sale e l'aglio e friggere fino a quando l'aglio sarà leggermente dorato. Aggiungere la bistecca e la marinata e far rosolare per 4 minuti. Aggiungete i broccoli e fateli rosolare per 3 minuti. Aggiungete il brodo, portate a ebollizione, coprite e fate cuocere per 5 minuti finché i broccoli saranno teneri ma ancora croccanti. Mescolare la farina di mais rimanente con un po' d'acqua e incorporarla alla salsa. Cuocere, mescolando finché la salsa non si schiarisce e si addensa.

Manzo al sesamo con broccoli

Serve 4

150 g/5 oz di manzo magro, tagliato a fettine sottili
2,5 ml/¬Ω cucchiaino di salsa di ostriche
5 ml/1 cucchiaino di farina di mais (amido di mais)
5 ml/1 cucchiaino di aceto di vino bianco
60 ml/4 cucchiai di olio di arachidi (arachidi).
100 g di cimette di broccoli
5 ml/1 cucchiaino di salsa di pesce
2,5 ml/¬Ω cucchiaino di salsa di soia
250 ml/8 fl oz/1 tazza di brodo di manzo
30 ml/2 cucchiai di semi di sesamo

Marinare la carne con salsa di ostriche, 2,5 ml/¬Ω cucchiaino di farina di mais, 2,5 ml/¬Ω cucchiaino di aceto di vino e 15 ml/¬Ω cucchiaino di olio ogni 1 ora.

Nel frattempo scaldare 15 ml/1 cucchiaio di olio, aggiungere i broccoli, 2,5 ml/½ cucchiaino di salsa di pesce, salsa di soia e il restante aceto di vino e coprire con acqua bollente. Cuocere per circa 10 minuti fino a quando saranno teneri.

Scaldare 30 ml/2 cucchiai di olio in una padella a parte e rosolare brevemente la carne fino a doratura. Aggiungete il brodo, la farina di mais rimasta e la salsa di pesce, portate a ebollizione, coprite e fate cuocere per circa 10 minuti finché la carne sarà tenera. Scolate i broccoli e disponeteli su un piatto da portata caldo. Coprire con la carne e cospargere generosamente con semi di sesamo.

Arrosto di manzo

Serve 4

Bistecca magra da 450 g/1 libbra, affettata
60 ml/4 cucchiai di salsa di soia

2 spicchi d'aglio, schiacciati

5 ml/1 cucchiaino di sale

2,5 ml/½ cucchiaino di pepe appena macinato

10 ml/2 cucchiaini di zucchero

Mescolare tutti gli ingredienti e lasciare marinare per 3 ore. Grigliare o grigliare su una griglia calda per circa 5 minuti su ciascun lato.

Carne cantonese

Serve 4

30 ml/2 cucchiai di farina di mais (amido di mais)

2 albumi d'uovo, sbattuti

Bistecca da 450 g/1 lb, tagliata a listarelle

olio per friggere
4 gambi di sedano, affettati
2 cipolle, affettate
60 ml/4 cucchiai di acqua
20 ml/4 cucchiaini di sale
75 ml/5 cucchiai di salsa di soia
60 ml/4 cucchiai di vino di riso o sherry secco
30 ml/2 cucchiai di zucchero
pepe appena macinato

Mescolare metà della farina di mais con gli albumi. Aggiungere la bistecca e mescolare per ricoprire la carne nella pastella. Scaldare l'olio e friggere la bistecca fino a doratura. Togliere dalla padella e scolare su carta da cucina. Scaldate 15 ml/1 cucchiaio di olio e fate soffriggere il sedano e la cipolla per 3 minuti. Aggiungere la carne, l'acqua, il sale, la salsa di soia, il vino o lo sherry e lo zucchero e condire con pepe. Portare a ebollizione e cuocere, mescolando, finché la salsa non si sarà addensata.

Carne Con Carote

Serve 4

30 ml/2 cucchiai di olio di arachidi (arachidi)
450 g/1 libbra di manzo magro, tagliato a cubetti

2 scalogni (scalogno), affettati
2 spicchi d'aglio, schiacciati
1 fetta di radice di zenzero, tritata
250 ml/8 fl oz/1 tazza di salsa di soia
30 ml/2 cucchiai di vino di riso o sherry secco
30 ml/2 cucchiai di zucchero di canna
5 ml/1 cucchiaino di sale
600 ml/1 pt/2¬Ω tazze d'acqua
4 carote tagliate in diagonale

Scaldare l'olio e friggere la carne fino a doratura leggera. Scolare l'olio in eccesso e aggiungere l'erba cipollina, l'aglio, lo zenzero e l'anice e soffriggere per 2 minuti. Aggiungere la salsa di soia, il vino o lo sherry, lo zucchero e il sale e mescolare bene. Aggiungere l'acqua, portare ad ebollizione, coprire e cuocere per 1 ora. Aggiungete le carote, coprite e fate cuocere per altri 30 minuti. Togliete il coperchio e lasciate cuocere fino a quando la salsa si sarà ridotta.

Carne con anacardi

Serve 4

60 ml/4 cucchiai di olio di arachidi (arachidi).
450 g/1 lb di scamone, tagliato a fettine sottili
8 scalogni (erba cipollina), tagliati a pezzi

2 spicchi d'aglio, schiacciati
1 fetta di radice di zenzero, tritata
75 g/3 oz/¬œ tazza di anacardi tostati
120 ml/4 fl oz/¬Ω tazza di acqua
20 ml/4 cucchiaini di farina di mais (amido di mais)
20 ml/4 cucchiaini di salsa di soia
5 ml/1 cucchiaino di olio di sesamo
5 ml/1 cucchiaino di salsa di ostriche
5 ml/1 cucchiaino di salsa di peperoncino

Scaldate metà dell'olio e friggete la carne finché non sarà leggermente dorata. Togliere dalla padella. Scaldare l'olio d'oliva rimanente e rosolare l'erba cipollina, l'aglio, lo zenzero e gli anacardi per 1 minuto. Riporta la carne nella padella. Mescolare gli ingredienti rimanenti e mescolare il composto nella padella. Portare a ebollizione e cuocere, mescolando, finché il composto non si addensa.

Casseruola di manzo a cottura lenta

Serve 4

30 ml/2 cucchiai di olio di arachidi (arachidi)
450 g/1 libbra di manzo brasato, a cubetti
3 fette di radice di zenzero, tritata
3 carote, affettate

1 rapa, a cubetti

15 ml/1 cucchiaio di datteri neri snocciolati

15 ml/1 cucchiaio di semi di loto

30 ml/2 cucchiai di passata di pomodoro (pasta)

10 ml/2 cucchiai di sale

900 ml/1¬Ω punti/3¬œ tazze di brodo di manzo

250 ml/8 fl oz/1 tazza di vino di riso o sherry secco

Scaldare l'olio in una casseruola o padella capiente e resistente al calore e friggere la carne finché non sarà rosolata su tutti i lati.

Manzo con cavolfiore

Serve 4

225 g di cimette di cavolfiore

olio per friggere

225 g/8 oz di manzo, tagliato a listarelle

50 g/2 once di germogli di bambù, tagliati a strisce

10 castagne d'acqua, tagliate a listarelle

120 ml/4 fl oz/½ tazza di brodo di pollo
15 ml/1 cucchiaio di salsa di soia
15 ml/1 cucchiaio di salsa di ostriche
15 ml/1 cucchiaio di passata di pomodoro (pasta)
15 ml/1 cucchiaio di farina di mais (amido di mais)
2,5 ml/½ cucchiaino di olio di sesamo

Cuocete il cavolfiore per 2 minuti in acqua bollente e scolatelo. Scaldate l'olio e friggete il cavolfiore finché non sarà leggermente dorato. Togliere e scolare su carta da cucina. Riscaldare l'olio e friggere la carne fino a doratura, togliere e scolare. Versare tutto tranne 15 ml/1 cucchiaio di olio e friggere i germogli di bambù e le castagne d'acqua per 2 minuti. Aggiungere gli ingredienti rimanenti, portare a ebollizione e cuocere, mescolando, finché la salsa non si sarà addensata. Riportare la carne e il cavolfiore nella padella e riscaldare delicatamente. Servire subito.

Manzo con sedano

Serve 4

100 g di sedano, tagliato a listarelle
45 ml/3 cucchiai di olio di arachidi (arachidi).
2 erba cipollina (erba cipollina), tritata
1 fetta di radice di zenzero, tritata

225 g/8 once di manzo magro, tagliato a listarelle
30 ml/2 cucchiai di salsa di soia
30 ml/2 cucchiai di vino di riso o sherry secco
2,5 ml/½ cucchiaino di zucchero
2,5 ml/½ cucchiaino di sale

Sbollentare il sedano in acqua bollente per 1 minuto e scolarlo bene. Scaldare l'olio e friggere la cipolla e lo zenzero finché diventano leggermente dorati. Aggiungere la carne e farla rosolare per 4 minuti. Aggiungere il sedano e far rosolare per 2 minuti. Aggiungere la salsa di soia, il vino o lo sherry, lo zucchero e il sale e far rosolare per 3 minuti.

Trucioli di carne fritti con sedano

Serve 4

30 ml/2 cucchiai di olio di arachidi (arachidi)
450 g/1 libbra di manzo magro, tagliato a listarelle
3 gambi di sedano, tritati
1 cipolla, grattugiata

1 erba cipollina (scalogno), affettata

1 fetta di radice di zenzero, tritata

30 ml/2 cucchiai di salsa di soia

15 ml/1 cucchiaio di vino di riso o sherry secco

2,5 ml/½ cucchiaino di zucchero

2,5 ml/½ cucchiaino di sale

10 ml/2 cucchiaini di farina di mais (amido di mais)

30 ml/2 cucchiai di acqua

Scaldare metà dell'olio fino a quando sarà caldo e friggere la carne per 1 minuto fino a doratura. Togliere dalla padella. Scaldare l'olio rimanente e friggere il sedano, la cipolla, il cipollotto e lo zenzero finché diventano leggermente morbidi. Riportare la carne nella padella con la salsa di soia, il vino o lo sherry, lo zucchero e il sale, portare a ebollizione e friggere fino a farla scaldare. Mescolare la farina di mais e l'acqua, unirla nella padella e cuocere finché la salsa non si sarà addensata. Servire subito.

Carne tagliuzzata con pollo e sedano

Serve 4

4 funghi cinesi secchi

45 ml/3 cucchiai di olio di arachidi (arachidi).

2 spicchi d'aglio, schiacciati

1 radice di zenzero affettata, tritata

5 ml/1 cucchiaino di sale

100 g/4 once di manzo magro, tagliato a listarelle

100 g/4 oz di pollo, tagliato a strisce

2 carote, tagliate a listarelle

2 gambi di sedano, tagliati a listarelle

4 cipolline (erba cipollina), tagliate a listarelle

5 ml/1 cucchiaino di zucchero

5 ml/1 cucchiaino di salsa di soia

5 ml/1 cucchiaino di vino di riso o sherry secco

45 ml/3 cucchiai di acqua

5 ml/1 cucchiaino di farina di mais (amido di mais)

Immergere i funghi in acqua tiepida per 30 minuti e scolarli. Eliminare i gambi e tritare le cime. Scaldare l'olio e soffriggere l'aglio, lo zenzero e il sale finché non saranno leggermente dorati. Aggiungere la carne e il pollo e friggerli finché non iniziano a dorarsi. Aggiungere il sedano, l'erba cipollina, lo zucchero, la salsa di soia, il vino o lo sherry e l'acqua e portare a ebollizione. Coprite e fate cuocere per circa 15 minuti, finché la carne sarà tenera. Mescolare la farina di mais con un po' d'acqua, incorporarla alla salsa e cuocere, mescolando, finché la salsa non si sarà addensata.

Manzo al peperoncino

Serve 4

450 g di scamone, tagliato a listarelle

45 ml/3 cucchiai di salsa di soia

15 ml/1 cucchiaio di vino di riso o sherry secco

15 ml/1 cucchiaio di zucchero di canna

15 ml/1 cucchiaio di radice di zenzero tritata finemente

30 ml/2 cucchiai di olio di arachidi (arachidi)

50 g/2 once di germogli di bambù, tagliati a fiammiferi

1 cipolla, tagliata a strisce

1 gambo di sedano, tagliato a fiammiferi

2 peperoni rossi privati dei semi e tagliati a listarelle

120 ml/4 fl oz/¬Ω tazza di brodo di pollo

15 ml/1 cucchiaio di farina di mais (amido di mais)

Metti la bistecca in una ciotola. Mescolare la salsa di soia, il vino o lo sherry, lo zucchero e lo zenzero e incorporarli alla bistecca. Lasciare marinare per 1 ora. Togliere la bistecca dalla marinata. Scaldate metà dell'olio e fate soffriggere i germogli di bambù, la cipolla, il sedano e il pepe per 3 minuti, quindi toglieteli dalla padella. Scaldare l'olio rimanente e friggere la bistecca per 3 minuti. Aggiungere la marinata, portare a ebollizione e aggiungere le verdure fritte. Cuocere, mescolando, per 2 minuti.

Mescolare il brodo e la farina di mais e aggiungerli nella padella. Portare a ebollizione e cuocere, mescolando, finché la salsa non si schiarisce e si addensa.

Manzo con cavolo cinese

Serve 4

225 g/8 once di manzo magro
30 ml/2 cucchiai di olio di arachidi (arachidi)
350 g/12 once di cavolo cinese, tritato
120 ml/4 fl oz/½ tazza di brodo di manzo
sale e pepe macinato fresco
10 ml/2 cucchiaini di farina di mais (amido di mais)
30 ml/2 cucchiai di acqua

Tagliare la carne sottilmente contro la grana. Scaldare l'olio e friggere la carne fino a doratura. Aggiungere il cavolo cinese e rosolarlo finché non si ammorbidisce un po'. Aggiungere il brodo, portare ad ebollizione e condire con sale e pepe. Coprite e fate cuocere per 4 minuti finché la carne sarà tenera. Mescolare l'amido di mais e l'acqua, unirli nella padella e cuocere, mescolando, finché la salsa non si sarà addensata.

Braciola Di Manzo Suey

Serve 4

3 gambi di sedano, affettati

100 g di germogli di soia

100 g di cimette di broccoli

60 ml/4 cucchiai di olio di arachidi (arachidi).

3 erba cipollina (erba cipollina), tritata

2 spicchi d'aglio, schiacciati

1 fetta di radice di zenzero, tritata

225 g/8 once di manzo magro, tagliato a listarelle

45 ml/3 cucchiai di salsa di soia

15 ml/1 cucchiaio di vino di riso o sherry secco

5 ml/1 cucchiaino di sale

2,5 ml/¬Ω cucchiaino di zucchero

pepe appena macinato

15 ml/1 cucchiaio di farina di mais (amido di mais)

Sbollentare il sedano, i germogli di soia e i broccoli in acqua bollente per 2 minuti, scolarli e asciugarli. Scaldare 45 ml/3 cucchiai di olio e friggere i cipollotti, l'aglio e lo zenzero finché diventano leggermente dorati. Aggiungere la carne e farla rosolare per 4 minuti. Togliere dalla padella. Scaldare l'olio rimanente e friggere le verdure per 3 minuti. Aggiungere la carne, la salsa di soia, il vino o lo sherry, il sale, lo zucchero e un pizzico di pepe e far rosolare per 2 minuti. Mescolare la maizena con un po' d'acqua, versarla nella padella e cuocere, mescolando, finché la salsa non si sarà schiarita e addensata.

Carne con cetriolo

Serve 4

450 g/1 lb di scamone, tagliato a fettine sottili
45 ml/3 cucchiai di salsa di soia
30 ml/2 cucchiai di farina di mais (amido di mais)
60 ml/4 cucchiai di olio di arachidi (arachidi).
2 cetrioli, sbucciati, senza semi e affettati
60 ml/4 cucchiai di brodo di pollo
30 ml/2 cucchiai di vino di riso o sherry secco
sale e pepe macinato fresco

Metti la bistecca in una ciotola. Mescolare la salsa di soia e la farina di mais e unirli alla bistecca. Lasciare marinare per 30 minuti. Scaldare metà dell'olio e friggere i cetrioli per 3 minuti finché non saranno opachi, quindi toglierli dalla padella. Scaldare l'olio rimanente e friggere la bistecca fino a doratura. Aggiungere i cetrioli e farli rosolare per 2 minuti. Aggiungere il brodo, il vino o lo sherry e condire con sale e pepe. Portare a ebollizione, coprire e cuocere per 3 minuti.

manzo alla Chow Mein

Serve 4

Bistecca di scamone da 750 g/1¬Ω lb

2 cipolle

45 ml/3 cucchiai di salsa di soia

45 ml/3 cucchiai di vino di riso o sherry secco

15 ml/1 cucchiaio di burro di arachidi

5 ml/1 cucchiaino di succo di limone

350 g/12 once di pasta all'uovo

60 ml/4 cucchiai di olio di arachidi (arachidi).

175 ml/6 fl oz/¬œ tazza di brodo di pollo

15 ml/1 cucchiaio di farina di mais (amido di mais)

30 ml/2 cucchiai di salsa di ostriche

4 scalogni (erba cipollina), tritati

3 gambi di sedano, affettati

100 g di funghi, affettati

1 peperone verde, tagliato a strisce

100 g di germogli di soia

Rimuovere ed eliminare il grasso dalla carne. Tagliare il grano a fettine sottili. Tagliare le cipolle a spicchi e separare gli strati. Mescolare 15 ml/1 cucchiaio di salsa di soia con 15 ml/1 cucchiaio di vino o sherry, il burro di arachidi e il succo di limone. Aggiungete la carne, coprite e lasciate riposare per 1 ora. Cuocere la pasta in acqua bollente per circa 5 minuti o finché sarà tenera. Asciugare bene. Scaldare 15 ml/1 cucchiaio di olio, aggiungere 15 ml/1 cucchiaio di salsa di soia e le tagliatelle e friggere per 2 minuti finché saranno leggermente dorate. Trasferire su un piatto da portata caldo.

Mescolare la salsa di soia rimanente e il vino o lo sherry con il brodo, la farina di mais e la salsa di ostriche. Scaldare 15 ml/1 cucchiaio di olio e friggere le cipolle per 1 minuto. Aggiungere il sedano, i funghi, il peperone e i germogli di soia e far rosolare per 2 minuti. Togliere dal wok. Scaldare l'olio rimanente e friggere la carne fino a doratura. Aggiungere il composto di brodo, portare ad ebollizione, coprire e cuocere per 3 minuti. Riportare le verdure nel wok e cuocere, mescolando, per circa 4 minuti fino a quando saranno calde. Versare il composto sulla pasta e servire.

Bistecca di cetrioli

Serve 4

Bistecca di scamone da 450 g/1 libbra
10 ml/2 cucchiaini di farina di mais (amido di mais)
10 ml/2 cucchiaini di sale
2,5 ml/½ cucchiaino di pepe appena macinato
90 ml/6 cucchiai di olio di arachidi
1 cipolla, tritata finemente
1 cetriolo, sbucciato e affettato
120 ml/4 fl oz/½ tazza di brodo di manzo

Tagliare la bistecca a listarelle e poi a fettine sottili contro la grana. Mettetelo in una ciotola e mescolate la farina di mais, il sale, il pepe e metà dell'olio d'oliva. Lasciare marinare per 30 minuti. Scaldare l'olio rimanente e friggere la carne e la cipolla fino a quando saranno leggermente dorate. Aggiungere i cetrioli e il brodo, portare a ebollizione, coprire e cuocere a fuoco lento per 5 minuti.

Curry di manzo arrosto

Serve 4

45 ml/3 cucchiai di burro
15 ml/1 cucchiaio di curry in polvere
45 ml/3 cucchiai di farina semplice (per tutti gli usi)
375 ml/13 fl oz/1¬Ω tazze di latte
15 ml/1 cucchiaio di salsa di soia
sale e pepe macinato fresco
450 g/1 libbra di manzo cotto, macinato
100 g di piselli
2 carote, tritate
2 cipolle, tritate
225 g/8 oz di riso a grani lunghi cotto, caldo
1 uovo sodo (sodo), affettato

Sciogliere il burro, aggiungere il curry in polvere e la farina e cuocere per 1 minuto. Aggiungere il latte e la salsa di soia, portare ad ebollizione e cuocere, mescolando, per 2 minuti. Condire con sale e pepe. Aggiungere la carne di manzo, i piselli, le carote e le cipolle e mescolare bene per ricoprire con la salsa. Mescolare il riso, trasferire il composto in una pirofila e cuocere in forno preriscaldato a 200¬∞C/400¬∞F/gas 6 per 20 minuti fino a quando le verdure saranno morbide. Servire decorato con fettine di uovo sodo.

www.ingramcontent.com/pod-product-compliance
Lightning Source LLC
Chambersburg PA
CBHW050021130526
44590CB00042B/1175